Mito, literatura e o mundo africano

BIBLIOTECA AFRICANA

Conselho de orientação:
Kabengele Munanga
Edson Lopes Cardoso
Sueli Carneiro
Luciane Ramos-Silva
Tiganá Santana

Wole Soyinka

Mito, literatura e o mundo africano

Tradução:
Karen de Andrade

 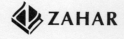

Sumário

Prefácio à edição brasileira — Ogum humano: A epistemologia decolonial de Wole Soyinka, por Leda Maria Martins   7

Prefácio do autor   23

1. Moralidade e estética no arquétipo ritual   31

2. O drama e a visão de mundo africana   73

3. Ideologia e a visão social (I): O fator religioso   100

4. Ideologia e a visão social (II): O ideal secular   142

Anexo: O quarto palco   191

Notas   215

Índice remissivo   221

Prefácio à edição brasileira
Ogum humano: A epistemologia decolonial de Wole Soyinka

PUBLICADO ORIGINALMENTE EM 1975, em Londres, *Mito, literatura e o mundo africano*, do nigeriano Wole Soyinka, é um livro que revolucionou a abordagem das epistemologias africanas. Escritor e pensador refinado, dotado de erudição enciclopédica, notável sofisticação conceitual e um senso crítico mordaz, Soyinka vem há mais de meio século produzindo uma obra inovadora e instigante, que se tornou um marco nas análises sobre a relação entre o mundo africano e o cânone intelectual do Ocidente. Não à toa, em 1986 recebeu o prêmio Nobel de literatura — o primeiro escritor africano a ser agraciado com essa distinção.

A notoriedade e a importância de Wole Soyinka não evitaram que sua obra permanecesse pouco conhecida no Brasil, e isso apesar das férteis interlocuções que mantém com intelectuais de nosso país, especialmente os baianos.

Inquieto e provocador, exilado por longos períodos devido às posições firmes que assumiu contra as tiranias e os sistemas políticos que as sustentam, crítico ardoroso sobretudo dos regimes totalitários africanos, Soyinka "sempre esteve comprometido com a história contemporânea da África", como afirma Eliana Lourenço de Lima Reis, e sua obra "constitui um permanente complô, não só contra o Estado-nação, mas contra o statu quo — daí as dificuldades da crítica ao tentar classificá-lo a partir de padrões estabelecidos".[1]

Sua primeira peça, encenada em 1960, *A Dance of the Forest*, "constitui uma contra-alegoria da nação (ou mesmo das nações) — a ficção estatal, cujo objetivo é construir um consenso, é aqui substituída por um discurso desestabilizador".[2] Nessa década — assim como na seguinte, a de 1970 —, a África assiste a uma ebulição política, social, cultural e estética; uma eclosão de pensamentos e ideias que vão alimentar inúmeros embates e proposições, muitas vezes antagônicas.

Um desses debates dizia respeito ao intento então progressista de integrar o continente à modernidade europeia não apenas no âmbito político e econômico, mas também estético. Cabia abraçar a modernidade nos padrões hegemônicos das ex-metrópoles? Ou encontrar em seus próprios meios e civilizações as referências para uma literatura que se queria autóctone e que ambicionava ser reconhecida e integrada aos cânones ocidentais? Era o desafio.

No cenário nem sempre amistoso dessas projeções, o pan-africanismo e a Negritude eram nortes proeminentes. Na política, sonhos e ideais se desvaneciam na mesma velocidade em que eram engendrados, e flutuavam entre democracias nascentes e tiranias que se faziam absolutas. As tensões e os embates entre ideários e posições conflitantes foram uma das marcas daquele período.

No âmbito literário, e também ideológico, as criações se moviam entre as atitudes e posturas consideradas conservadoras e as que se pretendiam de vanguarda. "Esperava-se que o escritor africano fosse anticolonialista e nacionalista;

Soyinka não se enquadra dentro do suposto modelo, tanto ao repudiar o nacionalismo quanto ao procurar conciliar a tradição cultural europeia à africana."³ Ele repele a busca por autenticidade; sua obra não é uma tentativa de resgate da "verdadeira" cultura africana. Pelo contrário, trabalha com zelo conceitual e delicadeza estilística para, sem renegar nada de seu, construir uma posição africanamente avessa à ideia de uma África genuína, a ser encontrada numa Idade de Ouro, localizada no período pré-colonial. Em suas próprias palavras:

> Recuso-me terminantemente a defender a exclusão de qualquer fonte de conhecimento, seja oriental, europeia, africana, polinésia ou qualquer outra. Não é possível que se queira legislar que, uma vez que se adquira um conhecimento, esse conhecimento seja extirpado para sempre como se nunca tivesse existido.[4]

É, pois, nesse agitado contexto que Wole Soyinka publica *Mito, literatura e o mundo africano*, uma coletânea de textos fruto de conferências realizadas em 1973, na Cambridge University, em Londres. São muitos os eixos e temas evocados neste precioso livro. Realço aqui apenas três: a eleição emblemática do panteão iorubá como matriz e referência de um *proprium* africano civilizador; as complexas interlocuções entre teatro e rito no âmbito do que Soyinka denomina drama ritual (o contexto mítico-ritualístico) e no da encenação; e, por fim, suas críticas contundentes à Negritude como perspectiva de uma autodefinição africana.

Da cosmogonia iorubá

Elementos da gnose e da metafísica da mitologia iorubá são aqui destacados como pressupostos e diretrizes dos princípios de cognição eleitos como formadores de uma episteme propriamente africana. Soyinka irá postular nessa cosmogonia — alçada ao mesmo nível de importância e de complexidade da grega, seu espelho comparativo — uma gnose poderosa que poderia fundamentar e referenciar a criação literária, teatral e crítica como âncora epistemológica. Os princípios e fundamentos básicos de cognição por ele destacados seriam centrais na constituição mesma de um pensamento pós-colonial autônomo e singular, ainda que relacional. Ou seja, as libertas nações africanas teriam a oferecer uma prática decolonial efetiva, correlata à independência política. Na formulação dessa autopoiesis, os ritos e os mitos tornam-se basilares para uma "autoapreensão do mundo africano" (p. 26) em toda a sua complexidade.

O que Soyinka propõe não é uma simples recusa do pensamento europeu em suas variadas formas de realização, mas a construção de um paralelo desse pensamento com os conhecimentos produzidos no próprio continente africano, alçados agora a parâmetros, insumos e paradigmas para a construção de uma atitude decolonial insurgente, baseada em padrões que não apenas repitam, indiscriminadamente, os europeus, mas que os tensionem de modo relacional, sem subserviência nem subalternidade. Uma visada crítico-teórica movente e dinâmica.

Há em seu programa epistemológico uma espécie de convocação a uma legítima autoapreensão, que desafie a colonialidade intelectual e que também, do ponto de vista estético, traduza a africanidade por meio de padrões e referências estilísticos e da elaboração de linguagens artísticas inovadoras e afrocentradas, em seus vários e diversos dispositivos de criação.

Considerando que o "cenário do ritual, do drama dos deuses, é a totalidade cósmica" (p. 32), Soyinka aloca a gênese do *proprium* africano na performance ritual, na composição poética e na sua forma narrativa épica. Na gesta dramática dos deuses — que se assemelharia à tragédia grega, como ritos de passagem dinâmicos e mobilizadores — e nas paisagens dos poemas-cantos *orikis* ele observa o acesso necessário à autoexpansão das forças que fazem interagir o humano e o divino. Fundamentais na constituição da sabedoria africana, os ritos dramáticos ou trágicos dos deuses seriam os mais representativos do próprio drama existencial ontológico que tensiona e envolve o fenômeno "do ser e do não ser" (p. 32). Assim,

> em seu drama trágico, os deuses servem como meios para essa experiência central; os conflitos e os eventos são artifícios ativos para facilitar a entrada na experiência, motivos dramáticos cujo formalismo estético dissolve a barreira da distância individual. (p. 62)

Três orixás do panteão nigeriano serão eleitos por Soyinka como princípio de referência cognitiva: Obatalá, Ogum e Xangô. Eles obtêm privilégios na formulação da episteme e, na busca pela autoapreensão, para além de seu status mítico e metafísico, serão tradutores da gnose africana e de seu ethos.

A tríade Obatalá, Ogum e Xangô torna-se um marco teórico-conceitual fundamental que nutre — com subsídios epistemológicos africanos — a produção intelectual e criativa. Isso se dá porque essas entidades aportam em suas próprias jornadas cósmicas atributos civilizatórios emblemáticos. Elas são "uma prefiguração do ser consciente que, no entanto, é um produto da criatividade consciente do homem, [e] potencializam a existência humana dentro da consciência cíclica do tempo" (p. 32). Por essa razão, é dentro da estrutura do drama dos deuses

> que a sociedade tradicional coloca suas questões sociais ou formula suas moralidades. Estas controlam as considerações estéticas da encenação ritual e proporcionam a cada performance uma experiência multinível do místico e do mundano. (p. 32)

Essa ambiência capaz de emular uma "totalidade cósmica" não é estranha ao pensamento de outros povos, às suas criações narrativas. Soyinka explica que em tempos outros, por exemplo na Antiguidade asiática e europeia,

> o homem de fato existia, como os africanos, dentro de uma totalidade cósmica, possuía uma consciência em que seu próprio ser terrestre, sua apreensão gravitacional de si era inseparável de todo o fenômeno cósmico. (Devemos sempre lembrar que os mitos surgem da tentativa humana de externar e comunicar suas intuições internas.) (p. 34)

No Ocidente, o Cristianismo terá um papel central no longo processo histórico que retira do drama ritual o papel de "força purificadora, unificadora, comunitária, recriadora" (p. 35), leva a seu desaparecimento ou corrompe-o, de modo que ele sobrevive apenas pelo estreitamento do todo cósmico. Soyinka, sagaz observador de seu tempo, aponta que esse processo começava a ganhar força nas sociedades de influência cristã no mundo africano.

No CERNE DA COSMOGONIA IORUBÁ está a ideia de que, com a criação da divindade múltipla, inicia-se também "uma transferência de funções sociais — a divisão de trabalhos e profissões entre as deidades que a partir de então passaram a presidir esses domínios" (p. 62-3). Enquanto Obatalá seria um "funcionalista da criação" (p. 63), Ogum encarna "o princípio criativo-destrutivo" (p. 63), simbolizando "a própria essência da criatividade" (p. 63) e Xangô, por fim, representa os princípios da justiça e da retribuição, não apenas em sua figuração, mas na ordem mesma de integralidade do mito.

Por não serem completas em si mesmas, as divindades iorubás manifestam outro princípio de grandeza: o de que a complementariedade é necessária para a existência humana assim como para a divina. Daí seus vínculos com o terreno, uma espécie de *terrestrialidade*, sua simetria com a humanidade e com tudo o que no planeta habita. Entre as diferenças das divindades gregas em relação às africanas Soyinka acentua, como fundamental, o compromisso natural das divindades africanas com a humanidade, sua natureza sempre reparadora, regenerativa.

Um dos atributos do sagrado africano — e que estaria vinculado ao que há de mais distintivo no ethos local — é precisamente a capacidade de sempre reconhecer a falibilidade e a desmedida (húbris) não como falhas trágicas irreparáveis, mas como parte da natureza dos seres. Sabendo-se que a falibilidade humana acarreta certas consequências desarmônicas para a sociedade, esse sistema de pensamento tradicional não faz da falha um reduto de culpabilidade infinita, objeto de punição eterna, e sim advoga a necessidade da busca por atividades corretivas.

Em outras palavras, a natureza de não completude, de não totalidade, que sempre demanda um inter-relacionar dos deuses entre si e com a humanidade, encena uma relação de complementariedade recíproca, natural e necessária como meio substantivo propulsor da própria existência. É esse circuito de reciprocidades que assegura o constante processo regenerativo do Universo, pois,

> ao trazer os deuses para dentro desse ciclo, uma continuidade da regulação cósmica que envolve os mundos dos ancestrais e dos não nascidos também é garantida. O ato de húbris ou seu oposto — fraqueza, passividade excessiva ou inércia — leva a uma ruptura dos equilíbrios na natureza e isso, por sua vez, desencadeia energias de compensação. (pp. 51-2)

Há aqui ainda a subversão e a reconfiguração do caráter condenatório da punição moral pelas falhas dos deuses, na medida em que o mal praticado, qualquer que seja sua origem, exige uma constante remediação e reparação, visando a harmonia entre todos os seres, como garantia perene da própria existência.

Essa relação de proximidade e naturalidade entre os deuses e a humanidade — que pressupõe uma reciprocidade também necessária e vital — engendra um princípio ético que não se esgota no cumprimento de normas, leis e convenções pautadas pela moralidade, e menos ainda no simples controle social. A falibilidade das divindades exige delas a produção de energias de restauração, retribuição e regeneração expressas no provérbio: "Se a humanidade não existisse, os deuses não existiriam". É um arranjo metafísico muito diverso da noção cristã de expiação: é a ascensão do coletivo sobre o individual, com ênfase no perfil cinético da existência, como princípio de transitoriedade necessária, acentuado como fundamental na trajetória pessoal das divindades, cujo percurso existencial — repleto de adversidades e superações — revela a passagem e o trânsito cósmico que formatam sua natureza como seres sujeitos a transições ontológicas paradigmáticas.

O que Soyinka aciona, tomando o panteão iorubá como campo de exercício estético e conceitual, é o potencial civilizatório imanente ao mundo africano. A tríade divina composta por Obatalá, Ogum e Xangô cumpre um papel exemplar no assentamento de valores fundamentais que orientam, prática e normativamente, as narrativas míticas — e a sociedade — iorubás. Toda essa fortuna — e ainda outras, de diversas partes de África — foi transplantada e, com novas formulações, ganhou outra vida nas mestiçagens das Américas.

Do teatro e do drama rituais

Outro eixo da reflexão aqui desenvolvida diz respeito ao teatro e ao drama rituais. Soyinka utiliza uma categoria do teatro europeu, o drama, para nomear o ato ritual, denominando-o então drama ritual ou drama dos deuses. A seguir, analisa a busca por ritualização nas cenas teatrais africana e europeia em contraste com o drama ritual em suas origens e agenciamentos. Conhecedor minucioso do teatro ocidental e do africano, entrelaça, em complexa trama argumentativa, mito, poesia, teatro e drama, transitando entre essas formas e também entre diferentes períodos, quase sem delimitação de fronteiras.

Por meio da concomitante recomposição e desintegração de argumentos, o autor opera o contraste e a comparação entre cosmovisões, modelos e posturas criativas e epistêmicas, de sorte que o trágico grego, o trágico shakespeariano, a mitologia grega e a mitologia iorubá são equanimemente mobilizados na avaliação crítica da produção dramatúrgica contemporânea.

As diferentes premissas de cada mitologia — tomadas como expressão de valores fundacionais de suas respectivas civilizações — ajudam a matizar o lugar e a relevância do drama ritual tradicional como insumo das dramaturgias, seja no teatro europeu, seja no africano. A rigor, a própria gnose africana é uma força motriz intelectual nas diferenças que o autor busca estabelecer entre rito, teatro e drama, sobretudo no que diz respeito às tentativas de captura da cena ritual e de sua transposição para a cena teatral.

Não obstante, o próprio Soyinka ressalta, olhando para grupos nigerianos como o Ori Olokun Theatre e a companhia de Duro Ladipo, que a "questão da suposta linha divisória entre ritual e teatro não deveria nos preocupar muito na África, linha essa que foi em grande parte traçada por analistas europeus" (p. 38). Essa relativa despreocupação se estenderia ao menos à América negra, como demonstrava o

Harlem Theatre, de Barbara Ann Teer. Tão estética e apaixonadamente quanto os próprios deuses, o drama ritual demonstrava capacidade de viajar através do Atlântico.

Certa ênfase na espacialidade constitutiva do rito será um dos destaques do autor em suas inserções sobre a transposição dos rituais para a cena teatral. Um dos aspectos mais acentuados por Soyinka diz respeito à complexa recriação das ambiências formativas do ritual na encenação. A composição do espaço é elemento fundamental na arena cósmica onde se operam as funções e ações dos ritos de passagem, elemento esse que o teatro, sendo também uma arena, deveria assimilar.

O teatro apresenta assim uma dimensão — e das mais antigas que conhecemos — na qual o ser humano lida com o fenômeno temporal e espacial de seu ser. É parte dos "esforços constantes do homem para dominar a imensidão do cosmo com seu eu minúsculo" (p. 76). Com o avanço da tecnologia e a evolução — alguns prefeririam chamá-la de contraevolução — da sensibilidade técnica, a visão espacial do teatro tornou-se cada vez mais reduzida a áreas de atuação puramente física, num palco, em oposição a uma arena simbólica para competições metafísicas. Quase se perde de vista que o sentido heurístico da espacialidade está, pois, "ligado à visão de mundo abrangente da sociedade que o gerou". Nesse sentido,

> o teatro ritual, convém lembrar, estabelece o meio espacial não apenas como uma área física para eventos simulados, mas como uma contração administrável do invólucro cósmico dentro do qual o homem — não importa o quão profundamente enterrada tal consciência tenha se tornado nos últimos tempos — existe, temerosamente. E essa tentativa de administrar a imensidão

de sua consciência espacial faz de cada manifestação no teatro ritual um paradigma para a condição cósmica humana. (p. 78)

Além da recriação cênica, seja na espacialidade, seja na ambiência, o desafio do teatro contemporâneo na recriação do drama ritual toca também, evidentemente, o trabalho e a função do ator. O drama ritual demanda e significa uma "perda de individuação" (p. 79), necessária para que se realize no teatro a cena como rito de passagem, não como épica e glorificação do indivíduo e de seu talento. Tanto no drama de transe dos ritos quanto na função de ator na cena teatral, o ser humano deve atuar como um mediador da transição entre as instâncias humana e divina.

Também aqui fica claro que a diferença entre o drama europeu e o africano não é mera questão de estilo ou forma, nem se limita apenas ao drama. Como representação da experiência humana, eles expressam, antes, "diferenças essenciais entre duas visões de mundo, uma diferença entre uma cultura cujos próprios artefatos são evidências de uma compreensão coesa de verdades irredutíveis e outra cujos impulsos criativos são dirigidos pela dialética do período" (p. 74).

O ensaio "O quarto palco", incluído aqui como anexo, apresenta uma síntese bastante precisa do olhar de Soyinka sobre o assunto. Replicando um traço comum de sua obra, é um texto que, como observa a leitura exemplar de Eliana Lourenço de Lima Reis, "transcende o campo dramático, tornando-se uma teorização sobre os contatos culturais e uma tentativa de, ao mesmo tempo, definir uma identidade africana e relacioná-la às outras identidades culturais". Nesse sentido é que se pode dizer que, além da proposição de uma teoria dramática, a obra de Soyinka "apresenta uma teoria cultural, constituindo uma narrativa, ou mesmo uma contranarrativa, da cultura africana".[5]

As tensões com o movimento da negritude

No âmbito das discussões, que se acentuavam, sobre as tentativas de definição da africanidade e dos africanos no contexto pós-colonial, uma das correntes mais proeminentes, e em certos países francamente hegemônica, era o movimento da Negritude. Soyinka se tornará um de seus mais ferrenhos críticos.

O equívoco fundamental, segundo ele, é que a Negritude "permaneceu dentro de um sistema preestabelecido de análise intelectual eurocêntrica do indivíduo e da sociedade, e tentou redefinir o africano e sua sociedade naqueles termos externalizados" (p. 187). Por essa razão, e paradoxalmente, em seu afã de buscar um *proprium* africano, a Negritude acabava produzindo uma "segunda época de colonização", um renovado colonialismo que, no fim das contas, desaguava numa denegação da existência de um mundo africano. Era como se ignorassem o célebre aviso de Frantz Fanon: "Para nós, quem adora os negros é tão 'doente' quanto quem os execra".[6]

Em sua resiliência e inflexão crítica, Soyinka ataca os sofismas e silogismos racistas tidos como base da Negritude: ao branco corresponderia a razão, e, portanto, a produção de saber e a realização de obras, em todos os âmbitos do conhecimento, o pensamento analítico, o alto desenvolvimento humano, a criatividade. O negro, em contrapartida, seria reduzido à manifestação mais primitiva e primária das emoções e de sensibilidades, sem capacidade para a criação de saberes ou inventividade científica, expressões de razão e civilização. Esse sofisma fundante se desdobraria em vários outros, mesmo nos que visavam a relativizá-lo.

A adesão de intelectuais e artistas africanos a tais ideias era, aos olhos de Soyinka, um efeito do colonialismo ainda mais eficaz e disruptivo. O movimento da Negritude teria aceitado "o campo de batalha de preconceitos eurocêntricos e do chauvinismo racial" (p. 178), assim reafirmando implicitamente — sem o arranhar ou contestar — o pressuposto da supremacia do homem branco.

Citando um poema de Mabel Segun, Soyinka mostra como, tendo se rendido à tese da superioridade branca, certa produção poética da Negritude manifestaria uma verdadeira crise identitária e iria se referir aos africanos como "bebês exagerados/ posicionados entre duas civilizações" (p. 180), que não saberiam para onde se dirigir. Essa angústia existencial, Soyinka contra-argumenta, é totalmente artificial, fabricada. Não tinha raiz no mundo africano. Não passava de invenção de um punhado de escritores encantados pela ideia muito sedutora de que deveriam iniciar uma busca por sua africanidade. "Até então, eles nunca sequer haviam se dado conta de que ela estava faltando" (p. 181). Soyinka responde a isso com uma frase provocativa: "Um tigre não precisa demonstrar sua tigritude, ele ataca".

As reflexões de Wole Soyinka são feitas no contexto histórico, ideológico e político próprios da época em que *Mito,*

Prefácio à edição brasileira

literatura e o mundo africano foi escrito e publicado. Não há como desconhecer que sua argumentação espelha também os lapsos, limites e contradições daquele momento. A evocação mesma do panteão iorubá como universalidade essencialista será arguída e problematizada na própria Nigéria. Além disso, a despeito de ser uma obra densa, complexa e abrangente, preocupada em tecer um panorama de época amplo e mesmo pedagógico, ela passa inteiramente ao largo de fabulações dramatúrgicas e mitológicas de outras partes de África, habitadas pela diversidade de outros panteões e cosmogonias também fundantes de cosmopercepções africanas e, por isso, igualmente relevantes.

Há que se reconhecer, no entanto, que os pensamentos, as postulações e as proposições de Soyinka produziram um ponto de curvatura, e que se mantêm atuais. Seguem, ainda hoje, desafiadores, pertinentes e contemporâneos. Não perderam viço, vigor e propriedade. Sua perspectiva, decolonial por excelência, em relação aos postulados hegemônicos e atitudes discricionárias que oprimem ou ignoram os povos considerados subalternos continua fulcral e operacional. O mesmo vale para sua crítica aos sistemas excludentes e às assimetrias globais de poder, principalmente econômicas e políticas. Seus textos são sempre e ainda um estímulo à reflexão crítica, tensionando o statu quo e nos instigando e inspirando a pensar e, com altivez, ousar.

Como para o Brasil os povos africanos foram fundamentais não apenas no âmbito da cultura e em seus inúmeros desdobramentos intelectuais e epistêmicos, entre eles os estéticos, mas também na construção civilizatória, os subsídios preciosos que Soyinka oferece para a compreensão da diversidade de pensamentos e epistemologias advindos de África fertilizam nossa relação com esse continente.

Mito, literatura e o mundo africano é exemplar do fecundo aporte teórico de Wole Soyinka, pensador revolucionário e escritor sagaz. A nervura enunciativa de sua obra desenha sua posição como um mediador intelectual, equilibrando-se entre os dois principais universos que o constituem e nos quais transita, o africano e o europeu, e se constituindo como uma espécie de Ogum humano: interlocutor intelectual de formação híbrida, mas com profunda consciência das violências dos sistemas coloniais e seus danos para o continente africano.

Leda Maria Martins

LEDA MARIA MARTINS é poeta, ensaísta, dramaturga e professora. Doutora em literatura comparada pela Universidade Federal de Minas Gerais, onde lecionou por 25 anos, com pós-doutorado em Performances Studies pela New York University, é autora de, entre outros, *A cena em sombras*, *Afrografias da memória* e *Performances do tempo espiralar, poéticas do corpo-tela*. Recebeu o prêmio Milú Villela da Fundação Itaú Cultural (2022) e o prêmio Funarte de Mestre de Artes Integradas (2023).

Prefácio do autor

ALGUNS DETALHES SOBRE A ORIGEM do conteúdo deste volume precisam ser relatados, uma vez que eles proporcionaram uma pertinência não intencional (e levemente cômica) aos temas das conferências em si. Em 1973, impossibilitado de assumir meu cargo na Universidade de Ifé, na Nigéria, aceitei a designação de um ano como membro do Churchill College, da Universidade de Cambridge. Fui também, ao mesmo tempo, professor visitante na Universidade de Sheffield, instituição na qual entrei diretamente no Departamento de Inglês, que tem um programa completo de Literatura Africana, incluindo um curso que leva a uma pós-graduação. Cambridge foi um pouco mais circunspecta. Por iniciativa do Departamento de Antropologia Social, foi proposta uma série de palestras sobre Literatura e Sociedade, das quais o Departamento de Inglês deveria, claro, participar. A ideia acabou não sendo tão natural. As palestras foram devidamente ministradas, mas aconteceram todas no Departamento de Antropologia Social. Uma sondagem casual, depois de tudo terminado, indicou que o Departamento de Inglês (ou talvez algum indivíduo-chave) não acreditava em nenhuma besta mítica como a "Literatura Africana". Um estudante meu, cujo projeto de pós-graduação estava centrado na mitopoese na literatura negra, tinha, ao que parece, passado por uma experiência semelhante antes da aprovação de seu tema de pesquisa. Se eu não tivesse, providencialmente, ficado disponível como seu orientador, a falta de supervisão adequada teria se tornado um provável argumento decisivo para a rejeição de seu projeto.

Eu era, paradoxalmente, bastante solidário com o dilema dos tradicionalistas da literatura inglesa. Eles pelo menos não foram tão longe a ponto de negar a existência de um mundo africano — apenas sua literatura e, talvez, sua civilização. Muitas universidades africanas começaram a reconsiderar a localização, outrora conveniente, da literatura africana contemporânea como apêndice da literatura inglesa. Algumas foram sensatas e substituíram o nome mais ortodoxo Departamento de Inglês por Departamento de Literatura (Comparada). Outras trouxeram o estudo da literatura africana para um Departamento de Estudos Africanos, o que não foi tão satisfatório. Por mais importante que pareça, no entanto, o problema da nomenclatura é basicamente secundário; a motivação é tudo. Hoje isso vai além do expurgo anticolonial padrão em termos de aprendizagem e educação e abrange a apreensão de uma cultura cujos pontos de referência são tirados de dentro da própria cultura. Os temas que foram selecionados para estas conferências são um reflexo dessa apreensão positiva.

Muitas vezes é difícil transmitir, tanto aos estrangeiros quanto aos alienados de uma sociedade, a realidade plena dessa autoapreensão. A emancipação social, a libertação e a revolução cultural são abordagens mais fáceis, porém deflexivas, pois todas mantêm pontos de referência externos contra os quais é possível medir uma progressão no pensamento.

A própria expressão de uma autoapreensão verdadeira é ainda hoje mais acessível na linguagem ativa da libertação cultural etc.; isto é, para transmitir a autoapreensão de uma raça, de uma cultura, às vezes é necessário libertar-se dos — e relacionar essa consciência coletiva com os — valores dos outros. O equívoco desse processo de mera conveniência é o que fez surgir na academia africana uma aura ao redor do que falsamente se chama de intelectualismo (= conhecimento e exposição dos pontos de referência das culturas coloniais). Para a entidade que de fato se autoapreende dentro da realidade do mundo africano, isso equivale a escravidão intelectual e autotraição.

Tendo contestado as alegações da Negritude desde meu primeiro contato com seus exegetas, posição que ainda é afirmada no decorrer destas conferências, uma contradição pode aparecer em sua ênfase, a de trazer à tona o mundo africano autoapreendido do mito e da literatura. Essas posições encontram-se, assim espero, elucidadas nas conferências e demonstraram ser não apenas mútua mas consistentemente compatíveis. A escolha do tema decerto não é fortuita. Há muito tempo estou preocupado com o processo de apreensão de meu próprio mundo em toda a sua complexidade, também através de sua progressão e distorções contemporâneas — evidências disso estão presentes tanto em meu trabalho criativo quanto em um de meus primeiros ensaios, "O quarto palco", incluído neste volume como anexo. O fio condutor persistente das conferências mais recentes deriva desse primeiro esforço para encapsular minha compreensão desse mundo metafísico e seu reflexo na psique social contemporânea iorubá. "O quarto palco" foi publicado numa primeira e única versão — fui preso e fiquei incomunicável logo após enviar o texto ao editor, solicitando-lhe que o transmitisse a G. Wilson Knight, que foi meu professor em Leeds, para seus comentários. Tentei agora reduzir o que um aluno meu alegou serem obstáculos "elípticos" à sua compreensão. Além disso, havia uma série de erros de impressão (ou de digitação) que obstruíam ainda mais a clareza — esses foram removidos. Os ensaios sobre drama devem ser vistos como elaborações mais recentes dessa preocupação central em transmitir, através da análise do mito e do ritual, a autoapreensão do mundo africano.

No entanto, mais recentemente (em especial nos últimos quatro ou cinco anos) desenvolveu-se uma razão política para essa crescente obsessão com o tema em questão. De uma posição bem divulgada como uma crítica à Negritude (se ao menos soubéssemos de antemão o que faria uma declaração mais memorável do que a outra!), tem sido com um crescente sentimento de alarme, e até mesmo de traição, que temos visto nossa postura ser distorcida e explorada para abraçar uma escola "sofisticada" de pensamento que (por razões ideológicas) realmente repudia a existência de um mundo africano! Tanto em publicações culturais e políticas quanto em encontros — como a Conferência da Unesco sobre a Influência do Colonialismo na Cultura Africana (Dar es Salaam, 1972), o VI Congresso Pan-Africano (Dar es Salaam, 1974), o pré-Colóquio do Festival de Artes Negras (Dakar, 1974) etc. — nós, africanos negros, fomos gentilmente convidados a nos submeter a uma segunda época de colonização — desta vez, por uma abstração universal-humanoide definida e conduzida por indivíduos cujas teorias e prescrições derivam da apreensão de *seu* mundo e de *sua* história, de *suas* neuroses sociais e de *seus* sistemas de valores. É hora, nitidamente, de responder a essa nova ameaça, cada qual em seu próprio campo. Espero que o meretrício que a prática da crítica literária às vezes sugere desempenhe seu papel nessa disputa, cujo timing, quando lembramos que estamos em uma etapa definitiva de autolibertação africana, é particularmente crucial. Pois, após (ou simultaneamente a) um confronto decisivo e dirigido de fora no continente deve se seguir uma reintegração dos valores autênticos daquela sociedade, modificados apenas pelas demandas de um mundo contemporâneo. Esse parece ser um processo bastante óbvio nos esquemas de histórias interrompidas. Seria este o motivo pelo qual nós, africanos, temos nos deparado ultimamente com um ataque orquestrado, revestido de respeitabilidade ideológica, a toda tentativa de restabelecer o mundo autêntico dos povos africanos e assegurar sua apreensão contemporânea por meio de estruturas apropriadas? Em vão invocamos os nomes de Mbiti, Bolaji Idowu, Ogotommeli, Kagame, Willie Abrahams, Cheikh Anta Diop e de analistas estrangeiros como o padre Tempels, Pierre Verger, Herskovits etc. Para a nova estirpe de negacionistas, eles nunca existiram nem escreveram uma só linha, tampouco forneceram uma pista que, no mínimo, dê corpo a uma imagem compósita do mundo africano.

Os iorubás têm um provérbio para isso; sua sagacidade é infelizmente perdida na tradução, por ser baseada num trocadilho entre *'ni tan* ("relacionados entre si") e *n'ítan* ("na coxa"): *A ò lè b'ára 'ni tan, k'á f'ara wa n'ítan 'ya*. Uma tradução livre seria: "O parentesco não obriga a que, porque estamos entrelaçados, arranquemos assim a coxa um do outro". A pessoa que, por causa de um parentesco ideológico, tenta separar meu ser de sua autoapreensão é cultural e politicamente hostil. (Trótski entendeu isso muito bem, assim como Amílcar Cabral.) Quando as relações ideológicas começam a negar, tanto em teoria como na ação, a realidade de uma entidade cultural que definimos como o mundo africano, ao mesmo tempo que afirmam a sua própria a ponto de convidar o mundo africano a sublimar sua existência na deles, devemos começar a olhar seriamente para sua motivação política. Este volume, no entanto, não está voltado para isso. Ele se dedica ao que deveria ser o ato simultâneo de extrair da história, da mitologia e da literatura, em benefício tanto de estrangeiros genuínos quanto de africanos alienados, um processo contínuo de autoapreensão cujo deslocamento temporário parece ter persuadido muitos de sua inexistência ou sua irrelevância (ou seja, retrocesso, reacionarismo, racismo etc.) na realidade mundial contemporânea.

Parte da literatura discutida nestas conferências tem uma nota de estridência; isto é, em si, um índice da súbita tomada de consciência de uma nova geração de escritores quanto às ameaças à sua autoapreensão. Tais escritores são, sem exceção, aqueles que responderam com tédio e indiferença à retórica romantizada da Negritude. A estridência em suas vozes é uma reação previsível à experiência de serem apunhalados pelas costas, e de locais totalmente inesperados. Recusar-se a participar da criação de um novo culto da realidade do eu apreendida todos os dias é uma coisa; ter essa realidade desdenhosamente negada ou minada por outros adeptos do culto é muito mais perigoso e suscita reações extremas. A solução, no momento, parece ser uma contínua reafirmação objetiva dessa autoapreensão, a fim de chamar a atenção para ela em obras vivas da imaginação, situando-as no contexto de sistemas primordiais de apreensão da raça.

Nada nestes ensaios sugere uma singularidade detalhada do mundo africano. O homem existe, no entanto, em um mundo abrangente de mitos, história e costumes; em tal contexto total, o mundo africano, como qualquer outro "mundo", é único. Tem, porém, em comum com outras culturas, as virtudes da complementaridade. Ignorar essa simples rota para uma humanidade comum e seguir o caminho alternativo da negação, seja pela razão que for, é uma tentativa de perpetuar a subjugação externa do continente negro. Em última análise, não há nada a escolher entre a mentalidade colonial de alguém como Ajayi Crowther, o primeiro bispo negro da África Ocidental, que se humilhou diante de seus superiores missionários brancos em um apelo por paciência e compreensão para com seus irmãos "atrasados, pagãos, brutos", e os novos ideólogos negros que se envergonham das declarações de autoapreensão do novo africano "ideologicamente atrasado". Ambos sofrem de fantasias de transformação redentora induzidas externamente, na figura de mestres estrangeiros. Ambos são vítimas da doutrina da autonegação, o primeiro requisito para uma sensação de realização transcendentalista (política ou religiosa). Como sua contraparte religiosa, o novo ideólogo nunca parou para considerar se as verdades universais de sua nova doutrina já estão contidas, ou se podem ser obtidas da visão de mundo e das estruturas sociais de seu próprio povo. O estudo de muito da escrita africana contemporânea revela que sim: descrevi esse grupo como a literatura de visão social secular. Ela marca o início de uma validação prescritiva de uma autoapreensão africana.

W. S.
Acra
Setembro de 1975

1. Moralidade e estética no arquétipo ritual

Começarei celebrando os deuses por seu autossacrifício no altar da literatura e, ao fazê-lo, irei pressioná-los a prestar mais serviços em prol da sociedade humana e de sua busca pela explicação do ser. Selecionei três paradigmas. O número é puramente fortuito; não há intenção de criar uma trindade literária, sagrada ou profana — sua escolha é governada pela natureza dos atributos que, além de suas histórias manipuláveis, os tornaram os favoritos de poetas e dramaturgos, modernos e tradicionais. Além disso (e naturalmente isso é válido para muitas das divindades que os acompanham), eles parecem circular bem. O mundo africano das Américas é testemunha desse fato tanto em sua realidade sociorreligiosa quanto nas artes seculares e na literatura. Os símbolos de Iemanjá (*Yemoja*), Oxóssi (*Ososi*), Exu (*Esu*) e Xangô (*Sango*) não só levam uma existência promíscua com os santos católicos romanos, mas também se fundem com o expressionismo tecnológico e revolucionário do século xx nas artes murais de Cuba, Brasil e de grande parte do Caribe.

As três divindades que nos interessam aqui são Ogum, Obatalá e Xangô. Eles estão representados no drama pelos ritos de passagem dos deuses-heróis, uma projeção do conflito humano com forças que desafiam seu empenho por harmonização com seu ambiente físico, social e psíquico. O drama do deus-herói é uma expressão conveniente; ele é inquestionavelmente um deus, mas seu papel simbólico é identificado com o papel de um perquiridor intermediário, um explorador de territórios "da essência-ideal" cujas fronteiras a humanidade margeia temerosamente. Por fim, como uma prefiguração do ser consciente que, no entanto, é um produto da criatividade consciente do homem, os deuses potencializam a existência humana dentro da consciência cíclica do tempo. São essas as principais características do drama dos deuses; é dentro de sua estrutura que a sociedade tradicional coloca suas questões sociais ou formula suas moralidades. Estas controlam as considerações estéticas da encenação ritual e proporcionam a cada performance uma experiência multinível do místico e do mundano.

O cenário do ritual, do drama dos deuses, é a totalidade cósmica, e nossa abordagem a esse drama pode ser proveitosamente feita através do exemplo comparável do épico, que representa também, em um nível diferente, outro acesso aos ritos de passagem. O épico celebra a vitória do espírito humano sobre as forças contrárias à autoexpansão. Concretiza na forma de ação o árduo nascimento da entidade individual ou comunitária, cria um novo ser ao utilizar e enfatizar a linguagem da autoglorificação, à qual a natureza humana é saudavelmente propensa. Os ritos dramáticos ou trágicos dos deuses estão, no entanto, envolvidos com o fenômeno, que é mais profundo e elusivo, do ser e do não ser. O homem pode adiar e mesmo superar as incertezas metafísicas com feitos épicos e prolongar tal estado de euforia social por meio de sua recitação constante, mas esse exercício em si mesmo acaba sendo um mero substituto para o fenômeno desconcertante da posição cósmica de seu ser. O questionamento visceral fundamental se interpõe, instigado pela paciente, imutável e eterna imensidão que o cerca. Podemos especular que foi a realidade dessa vastidão intocada que criou a necessidade de desafiar, confrontar e pelo menos iniciar uma relação com o reino da infinitude. Não havendo outro lugar concebível, esse era o lar natural das divindades invisíveis, um lugar de descanso para os que partiram e um lugar de acolhida para os não nascidos. As intuições, as emanações psíquicas repentinas, só poderiam vir, logicamente, de uma imensidão incomparável assim. Um reino ctônico, um depósito de essências criativas e destrutivas, exigia um desafiante, um representante humano para rompê-lo periodicamente em nome do bem-estar da comunidade. O palco, a arena ritual de confronto, passou a representar o espaço ctônico simbólico, e a presença do desafiante dentro dele é a expressão física mais antiga que a temerosa consciência humana tem do contexto cósmico de sua existência. Seu microcosmo mágico é criado pela presença comunal e, nesse espaço carregado, os habitantes ctônicos são desafiados.

Esse contexto, no entanto, é a *totalidade* cósmica. Ao falar nisso, é preciso lembrar o tempo todo que não extraímos a parte que, por ser tão pronta e fisicamente apreendida, tende a ocupar uma categoria separada (mundana) no imaginário europeu moderno. Isso não foi sempre assim. Essa erosão gradual da Terra no âmbito metafísico europeu provavelmente se deve ao crescimento e à influência da tradição platônico-cristã. Afinal de contas, o grego pagão não negligenciou essa dimensão importantíssima. Perséfone, Dioniso e Deméter eram divindades terrenas. Plutão não apenas governava, mas habitava o submundo. Netuno era um deus muito aquático que fazia suas viagens em trombas-d'água. Os protagonistas arquetípicos do reino ctônico — Orfeu, Gilgamesh, Ulisses — penetraram nesse mundo subterrâneo em termos concretos e elementares. E, antes que aquele irmão gêmeo oriental do cristianismo, o budismo, atenuasse e circunscrevesse o pensamento asiático, lorde Shiva conduzia seu percurso passional através da terra, unindo todos os elementos com sua poderosa ereção, que irrompeu até a superfície, dividiu-se em três e jorrou esperma no cosmo superior. Na Antiguidade asiática e europeia, portanto, o homem de fato existia, como os africanos, dentro de uma totalidade cósmica, possuía uma consciência em que seu próprio ser terrestre, sua apreensão gravitacional de si era inseparável de todo o fenômeno cósmico. (Devemos sempre lembrar que os mitos surgem da tentativa humana de externar e comunicar suas intuições internas.) Portanto, ocorreu uma profunda transformação na psique humana se, por hipótese, o mesmo *Homo sapiens* mitologiza, em um período, que uma divindade aventureira penetra a terra, rochas e riachos subterrâneos com seu falo, indo até a atmosfera externa, e, em outro período, que um novo deus caminha sobre as águas sem molhar os pés. Este último já sugere um maniqueísmo cósmico, evidência do qual encontramos na estrutura estética do drama das divindades africanas em sua nova morada sincrética do outro lado do Atlântico.

A semente de antiterrestrialismo semeada pelo budismo e pelo judeu-cristianismo teve que acabar com tais excessos, como a transferência do submundo para um novo local no céu, um subúrbio em forma de purgatório sob a supervisão direta das divindades celestes. As múltiplas deidades epifânicas tornaram-se para os europeus algo de distante memória, e os heróis que antes desafiaram o monopólio divino do reino ctônico desvanecem, transformados em lendas dúbias. A consequência final disso — em termos da condição cósmica do homem — é que o cosmo se afasta cada vez mais até que, embora mantenha algo da grandeza do infinito, perde a essência do tangível, do imediato, do apaziguável. Ele se afasta daquilo que pode ser tangivelmente metaforaforseado e adentra os domínios da fantasia, iniciando *em outro lugar*, onde antes começou, coexistiu com e foi completado dentro da realidade do ser e do ambiente humanos. Assim, onde antes os ritos de exploração do reino ctônico, de nascimento e renascimento, os ritos de regresso e entrada, eram possíveis a partir de qualquer um dos vários domínios de existência para qualquer outro, por e em nome de qualquer ser — ancestral, vivo ou não nascido —, o homem vivo agora restringia sua visão da existência aos circuitos hierárquicos imediatamente acima da terra. O drama ritual, que é o drama como força purificadora, unificadora, comunitária, recriadora, desaparece ou é corrompido durante esses períodos, ou dentro de tais culturas que sobrevivem apenas pelo estreitamento do todo cósmico. É instrutivo observar o começo desse processo no drama dos deuses nas sociedades contemporâneas do mundo africano que têm influência cristã.

Falar de espaço, música, poesia ou parafernália material no drama dos deuses é passar do aparente direto para os efeitos mais profundos dentro da comunidade cujo drama (isto é, história, moralidade, afirmação, súplica, gratidão ou mera calendarização) ele também é. Porém isso não significa que esse drama *sempre* opere nesse nível. O entretenimento secular casual também pode envolver os deuses — os deuses são bastante receptivos ao pomposo, sobretudo em seus *oriki* (cantos de louvor) mais sagrados —, mas essas peças não se preocupam em criar as implicações emocionais e espirituais que naturalmente iriam permear o local consagrado onde a presença divina deve ser invocada e mantida dentro do ator-substituto.

Isso nos leva brevemente à questão da arte. A dificuldade do agente atual de uma pretensa comunicação ritual (vamos chamá-lo de produtor) é que, onde o drama dos deuses está envolvido, sua sensibilidade é mais frequentemente a de um promotor entusiasta, muito raramente a de um médium de fato comunicante no que é na essência um "rito de passagem". Mudar-se de seu hábitat natural no santuário da divindade, ou de um ponto histórico no drama da origem de um povo, ou de um pedaço de terra simbólico em meio à plantação na véspera da colheita dos grãos; mudar-se de espaços carregados como esses para uma arena cercada em um Festival de Artes, ou mesmo para o autêntico refúgio de um deus recentemente adaptado para turistas e antropólogos, isso é uma pressão injusta até sobre a divindade de temperamento mais moderado, e também sobre o temperamento artístico que ela compartilha com a humanidade. Não se trata simplesmente de uma questão de truncamento, como a remoção dos eventos mais sagrados das vistas profanas. O problema essencial é que a progressão emotiva que conduz a um êxtase ou a uma catarse comunal foi destruída no processo de reencenação. Portanto, isso nos leva intencionalmente à questão perene de saber se o ritual pode ser chamado de drama, em que momento se pode considerar que uma celebração religiosa ou mítica foi transformada em drama, e se o teste final dessas questões não reside em sua capacidade de transferência de ambientes habituais para estrangeiros.

Essas perguntas são feitas com tanta frequência quanto são em grande parte artificiais. A angústia sobre o que é ritual e o que é drama de fato se tornou ainda mais abstrata pela recente reversão do teatro progressista europeu e americano ao ritualismo em sua forma "mais pura" alcançável. Isso é verdade em especial para o teatro negro na América, mas também é válido para a atual vanguarda branca na Europa e na América. Exceto como uma busca tateante da experiência ritual (infelizmente, com frequência comicamente equivocada), de que modo poderíamos descrever as manifestações teatrais do chamado "Teatro Líquido" (*Liquid Theatre*) ou do "Teatro Ambiental" (*Environmental Theatre*), mais antropologicamente consciente, na América? Ou as explorações intensas da psique humana feitas por Grotowski? Que expressão mais concisa poderia captar o espírito do espetáculo montado pela diretora francesa Mnouchkine em seu 1789 senão um "ritual de revolução"? Os experimentos de Peter Brook, que levaram sua companhia a Persépolis para uma produção de *Orghast*, uma peça em uma não linguagem totalmente inventada, são impulsionados por essa mesma necessidade de redescobrir a origem, a experiência basilar do que o europeu ocidental mais tarde reduziu a terminologias específicas por meio de seu hábito crônico de compartimentalização. (A propósito, esse é um hábito muito contagiante; todos nós o adotamos, de certo modo.) Seu precursor moderno (isto é, europeu) foi, sem dúvida, Jean Genet, mas seu drama apenas revelou um potencial para a destilação definitiva de um teatro densamente literário em pura essência ritualística. Não é de surpreender que, no final dos anos 1960, a companhia que criou uma versão nova-iorquina de *As bacantes* de Eurípides tenha recorrido, entre outras fontes, a um ritual asmat da Nova Guiné, em sua busca pela alma trágica da cultura americana branca hippie-burguesa do século xx. A questão, portanto, da suposta linha divisória entre ritual e teatro não deveria nos preocupar muito na África, linha essa que foi em grande parte traçada por analistas europeus. Grupos como o Teatro Ori-Olokun, em Ifé, e a companhia de Duro Ladipo, também da Nigéria, demonstraram a capacidade do drama (ou ritual) dos deuses de viajar, tão estética e apaixonadamente quanto os próprios deuses, através do Atlântico. O mesmo aconteceu com grupos na América negra, como o Harlem Theatre, de Barbara Ann Teer. Se os funcionários públicos (a começar pelos administradores coloniais) e até mesmo os empresários de universidades (que são mais frequentemente responsáveis por tirar nosso Patrimônio Cultural de seus envoltórios a fim de regalar delegações estrangeiras, conferências do Instituto de Estudos Africanos etc.) mantêm a atitude básica de que o drama tradicional é algum tipo de artesanato de aldeia que pode ser tascado em qualquer barraca feito artefatos em qualquer butique de aeroporto internacional, não será surpresa se o espectador resumir sua experiência como ter sido entretido ou entediado por algum "ritual pitoresco". Essas apresentações têm sido amplamente responsáveis pela multidão de falsos conceitos que cercam o drama dos deuses; isso, e sua sujeição a comentários antropológicos em que são reduzidos, *in extremis*, a manifestações comportamentais na sociedade primitiva. A responsabilidade de um produtor é ter conhecimento, compreensão e imaginação empática. Qualquer que seja a divindade envolvida, ela demanda uma comunicação inteligente do que é, de fato, pura essência.

Agora vamos falar dos deuses e de seus destinos — tanto nos mitos quanto nas mãos de seus exploradores criativos.

Xangô, sobre o qual falaremos mais no capítulo 2, nos interessa aqui apenas no que diz respeito à sua essencialidade, que nos permite relacioná-lo a uma estrutura cósmica funcionalista, em companhia de várias outras divindades. Essa descrição "funcionalista" não implica que outras divindades como Ogum e Obatalá, com quem ele será posteriormente contrastado, não cumpram também papéis funcionalistas na organização iorubá humanidade-cosmo. A distinção é mais de grau ou ênfase: em que sentido primário uma divindade é considerada em uma comunidade de seus devotos, os fins afetivos para os quais ela é mais prontamente invocada. No caso de Xangô, isso se dá como o agenciamento do relâmpago, que, por sua vez, é o instrumento cósmico de uma rápida justiça retributiva.

Xangô é de origem antropomórfica, mas é necessário, na tentativa de entrar plenamente na matriz das concepções do devir de uma sociedade, distinguir entre os paradigmas primário e secundário de origem — o devir primordial do homem e sua origem racial ou social. Xangô é colocado nesse último quadro, e seus ritos trágicos são, por consequência, um conflito mortal no plano humano e histórico, carregado, no entanto, com a paixão e o terror de forças sobre-humanas e incontroláveis. A peça *Oba Koso*, de Duro Ladipo, será discutida mais detalhadamente em outro contexto, mas alguns versos oportunos da peça da brasileira Zora Seljan sobre Oxalá

(Orixalá), na qual Xangô aparece com destaque, transmitirão um pouco da incrível Paixão do homem. Após a escassez, a fome e pragas, causadas por um crime de injustiça contra uma divindade disfarçada, cometido dentro de seu reino mas sem seu conhecimento, Xangô enfim descobre a identidade do deus sofredor. Furioso, desafia Olodumaré, a Divindade Suprema:

> *Ó ventos, rugi, arrancando as pedras mais fortes! Ó mares, erguei-vos contra os céus que me fizeram cometer tamanha barbaridade!*
> *E a ti, senhor do destino, como poderei doravante, respeitar-te?*
> *Escreveste minha vida, és o culpado!*
> *Trovões que domino, soltai-vos a um só tempo!*
> *Atacai o céu! Quero lutar contra Olodumaré, a prepotência que me obrigou a praticar tal infâmia!*
> *Mais! Mais! Mais! Incendiai as nuvens!*[1]

Ele é posto sob controle apenas por Oxalá, vítima da injustiça original, que repreende a blasfêmia de Xangô. No entanto, a raiva de Xangô é totalmente compreensível e reforça uma engenhosa questão filosófica utilizada por Zora Seljan para reforçar sua essência como o princípio da justiça. Já que o crime contra a divindade disfarçada foi cometido em sua terra, Xangô deve assumir a responsabilidade; no entanto, ele é inocente do crime. A perspicácia dramática de Zora Seljan foi basear a motivação da paixão de Xangô não na injustiça da longa maldição sobre sua terra, mas na percepção egoísta de que ele, Xangô, o próprio princípio da justiça, havia sido involuntariamente levado a cometer um ato injusto. Sua reação, terrível e blasfema como é, eleva-o a níveis verdadeiramente sobre-humanos, sobredemoníacos. É improvável que algum filósofo queira levantar, confrontado com esse espetáculo de paixão, os pontos mais delicados dos princípios de culpabilidade. Xangô encarna em sua pessoa, naquele momento culminante, a espantosa essência da justiça. Tampouco é contestável que a realização disso se deva em grande medida ao molde ritualista da peça, em que toda a ação e todas as personagens vão fundo nos reservatórios da memória coletiva dos ritos de passagem humanos — provação, sobrevivência, purgação social e individual — até um resultado final que é o código moral da sociedade.

Às vezes, no padrão histórico dos ritos de Xangô, parece haver um deslocamento temporal. Tenho enfatizado que a história de Xangô não é a história do devir primordial, mas a da origem racial, que é historicamente datada. No entanto, ele salta, logo após seu suicídio (ou não suicídio, para ser liturgicamente correto), para uma identificação (por implicação) com a fonte do relâmpago. Esse aparente anacronismo cósmico é, na verdade, uma pista muito útil para os conceitos temporais na visão de mundo iorubá. O pensamento tradicional opera não uma concepção linear de tempo, mas uma realidade cíclica. Não se sugere, em nenhum momento, que isso seja peculiar aos iorubás ou à visão de mundo africana. Kerényi extrai verdades paralelas da mitologia grega em seu ensaio "The Primordial Child in Primordial Times".[2] Mas o grau de aceitação integrada desse sentido temporal no ritmo de vida, nos costumes e na organização social da sociedade iorubá certamente vale a pena ser enfatizado, sendo um reflexo daquela mesma realidade que nega periodicidade às existências dos mortos, dos vivos e dos não nascidos. A expressão "O filho é pai do homem" torna-se, no contexto dessa estrutura temporal, não apenas uma metáfora do desenvolvimento, que está enraizada em um sistema de individuação representativa, mas um provérbio da continuidade humana que é não unidirecional. Nem "filho" nem "pai" são conceitos fechados ou cronológicos. O mundo dos não nascidos, na visão de mundo iorubá, é tão evidentemente mais antigo que o mundo dos vivos quanto este é mais antigo do que o mundo dos ancestrais. E, claro, vale o contrário: podemos insistir que o mundo dos não nascidos é mais antigo que o mundo dos ancestrais, ao mesmo tempo que declaramos que as divindades precederam a humanidade no universo. Mas eis que novamente deparamos com o provérbio iorubá *Bi o s'enia, imale o si* ("Se a humanidade não fosse, os deuses não seriam"). Essa é dificilmente uma ideia compatível com a teologia judaico-cristã de "No começo, *havia* Deus", e é evidente que suas implicações vão além da mera questão do tempo sequencial. Sejam quais forem as evasivas semânticas que empreguemos — a divindade, o estado de ser de Deus, a alteridade ou a assimilação da unidade com Deus, elas permanecem abstrações de conceitos emanados da humanidade, ou experiências que pressupõem o meio humano. Nenhuma filosofia ou fanatismo ontológico pode desejar que isso desapareça, e isso é parte da sabedoria cosmogônica iorubá. É também um princípio social afetivo que entrelaça múltiplas existências de forma tão absoluta que, para dar um exemplo bastante comum, um homem idoso se referiria a uma criança como *Baba* (pai ou ancião) se as circunstâncias de seu nascimento tornassem sua entrada real no mundo dos vivos retrospectiva. Sua conduta para com a criança seria tão respeitosa que ele nunca poderia chamá-la pelo seu nome verdadeiro. Se ele fizesse uma festa em família, o lugar de honra do mais velho seria dado ao convidado infantil. É um princípio de equilíbrio, que evita a inflexibilidade total nas hierarquias de idade que normalmente governam a sociedade tradicional.

As divindades existem na mesma relação com a humanidade que esses mundos múltiplos, e são uma expressão de sua natureza cíclica. A fusão de Xangô com um fenômeno primordial é uma operação do mesmo conceito, e o drama em um plano humano que precede sua apoteose é uma afirmação adicional do princípio de continuidade inerente aos mitos de origem, seculares ou cósmicos. A "queda trágica" de Xangô é o resultado de um ato de húbris: o poderoso rei se lança em conflito não apenas com súditos ou pares, mas com a fonte racial de seu próprio ser. Fraca, vacilante, traiçoeira e desleal, a unidade humana que constitui o coro de sua queda é, no drama de Xangô, o contexto total da origem racial; a metáfora ritual comunica isso e a poesia é tecida em sua afirmação. No entanto, lado a lado com a aceitação da necessidade de destruir esse fator perturbador e incontrolável na comunidade mortal, a necessidade de afirmar a vontade comum para uma existência harmoniosa é o reconhecimento das energias sobre-humanas de um homem excepcional. A apoteose, a junção de energias em continuidade cósmica, segue logicamente; e Xangô está pronto para trabalhar em suas novas funções com uma ampla zona de segurança de éter entre ele e os meros mortais.

Decerto também podemos, como Paul Radin, ter razão em ver esse ato de apoteose à luz oportunista do sacerdócio que se fortalece.³ A peça *Oba Koso*, de Duro Ladipo, indica de maneira clara que Xangô se suicidou, que foram os sacerdotes que se reuniram sem demora, silenciaram o pranto das mulheres e as repreenderam por revelarem que Xangô tirou a própria vida. O corpo convenientemente desaparece e sua elevação é atestada: O rei está morto; vida longa ao deus! E por que não? A economia e o poder sempre desempenharam um grande papel na defesa de novas divindades ao longo da história humana. A luta pela autoridade nos primórdios da sociedade humana, com sua recompensa de vantagens materiais, prestígio social e estabelecimento de uma elite, em nenhuma parte foi marcada de forma tão intensa como na função da religião, perpetuando-se em ortodoxias repressivas, contrariadas por cismas igualmente determinados. Na exploração das imagens da essência-ideal humana, moldadas na forma de deuses, não podemos nos dar ao luxo de descartar totalmente nossas faculdades céticas. Ao adaptar *As bacantes* de Eurípides para uma produção — a peça é sem dúvida o melhor drama remanescente do surgimento social de uma divindade semieuropeia —, achei necessário enfatizar esse aspecto impuro do sacerdócio. Há um confronto entre o rei Penteu, que se opõe devidamente à presença e às atividades do deus Dioniso em seu reino, e o vidente Tirésias, que já é um promotor entusiasmado do deus. Aqui estão algumas linhas da acusação do rei Penteu:

> *Isso é feito seu, Tirésias; eu sei*
> *Você o convenceu e eu sei por quê.*
> *Outro deus revelado é um novo caminho aberto*
> *Para os bolsos dos homens, os lucros das ofertas,*

> Poder sobre vidas privadas — e assuntos de Estado —
> Não o negue! Eu conheci de seu sacerdócio as ocupadas
> Manipulações.

Parecia justo dar a Penteu uma persuasiva visão dissidente, a visão da autoridade estatal em conflito com uma conspiração teocrática imaginada, dado que, como ele aprenderá de forma tão trágica, ele está errado. Claro que é perfeitamente possível recriar o mito de Xangô desse ponto de vista básico; na verdade, a peça de Duro Ladipo proporcionaria um bom começo. O resultado, no entanto, dificilmente seria ritual. A narração de um momento na história de Oió, mesmo um conflito trágico envolvendo seu primeiro rei, poderia resultar dele, mas não o drama dos deuses como um meio de lembrança e coesão comunais, não o consolo que vem da participação no processo de fazer nascer um novo meio na extensão cósmica da existência física do homem.

Passamos agora a Obatalá, um setor mais ameno do arco da psique humana (para nos mantermos dentro daquela imagem cíclica dos conceitos existenciais iorubás). Dentro desse crescente estão armazenadas as virtudes da acomodação social e individual: paciência, sofrimento, caráter pacífico, todos os imperativos de harmonia no universo, a essência da quietude e da tolerância; em suma, a estética do santo. No lado oposto desse arco, encontramos a assertividade protagonista de Ogum, nossa terceira divindade. Comum a todos esses deuses, pode-se observar neste ponto, é que, mesmo quando (como Obatalá) eles carregam a essência da pureza, sua história é sempre marcada por algum ato de excesso, de húbris ou outra fraqueza humana. As consequências são, significativamente, medidas em termos humanos, e esses deuses são colocados sob a obrigação eterna de alguma forma prática de penitência que compense a humanidade. Visto que é frequente observar-se a semelhança entre os panteões grego e iorubá, levando até mesmo, em alguns casos de forte atrevimento acadêmico, a "evidências conclusivas" para a tese de que a religião iorubá é derivada da grega, é instrutivo apontar um contraste fundamental. Como as divindades iorubás, mas em grau mil vezes maior, os deuses gregos também cometem graves infrações contra o bem-estar mortal. O catálogo grego é de luxúria, ganância, sadismo, megalomania e pura maldade. Mas a moralidade da reparação parece totalmente estranha aos conceitos éticos dos antigos gregos. As punições, quando ocorrem entre os olímpicos, invariavelmente acontecem apenas quando a ofensa invade as reservas morais de outra divindade e se essa divindade é mais forte ou apela com sucesso ao Pai Zeus, o maior réprobo de todos. E é óbvio que era comum aceitar-se que o estupro, a mutilação ou a morte de um lacaio da divindade ofendida poderia contribuir para acertar as contas, para a satisfação de todos. Essa é a base ética da tragédia grega, não como começou no ritual *tragodia*, mas como se desenvolveu desde o verso pessimista de Ésquilo até o de Shakespeare:

> *O que para os garotos*
> *são as moscas, nós somos para os deuses:*
> *matam-nos por brinquedo.*[4]

A base psicológica — a "falha trágica" do herói — foi um refinamento posterior; Édipo, o Inocente, continuou sendo o arquétipo ético da tragédia grega.

Não se nega de forma alguma que a religião grega mostra paralelos persuasivos com a religião iorubá, para nos atermos ao nosso exemplo; o oráculo de Delfos e o corpus de Ifá dos iorubás são exemplos fascinantes de um desses paralelos estruturais. Mas as diferenças essenciais nos mitos autóctones dos próprios deuses fornecem pistas para as diferenças no viés moral das duas visões de mundo. As penalidades que as sociedades exigem de suas divindades em reparação por danos reais ou simbólicos são um sinal de até que ponto se pode dizer que os princípios de restituição *natural* pela desarmonia social podem governar a estrutura moral dessa sociedade e influenciar suas leis sociais — uma restituição *natural*, porque a relação entre homem e deus (encarnação da natureza e dos princípios cósmicos) não pode ser vista em nenhum outro termo além daqueles da naturalidade. Essa relação representa as deduções e aplicações da ordem cósmica e natural, e não são apenas normas éticas, mas também técnicas (por exemplo, econômicas), que elas fornecem para essa sociedade. Ao tornar os deuses passíveis de julgamentos nessas bases, evita-se uma confiança passiva nos caprichos das forças externas, e seus aspectos regenerativos são catalisados em operação através de um recurso ritual aos ritos de passagem, induzidos por erros, dos deuses. Mesmo no corpus da poesia curativa de Ifá, encontramos referências constantes a tais antecedentes na história moral divina. A memória divina não tem permissão para descansar, e as preces são proferidas como lembretes de responsabilidades naturais. Certamente se deve admitir que as realidades do continente hoje não revelam tal consciência a quem observa. O ditado *Orisa l'oba* ("O rei é um deus"), adotado em um nível superficial de autogratificação, não recorda aos atuais detentores do poder a natureza moral da divindade africana. A mentalidade dos líderes é decididamente olímpica, seus deuses são gregos. No entanto, é de seus lábios que se ouve com mais frequência a vanglória da autenticidade autóctone. As divindades africanas devem estar dando risadas em suas moradas — exceto, talvez, Obatalá, o santo.

O erro não proscrito de Obatalá, deus da pureza da alma, foi sua fraqueza pela bebida. A ele pertence a função de moldar os seres humanos, em cujas formas a vida é soprada pela própria divindade suprema, Olodumaré. Um dia, porém, Obatalá se permitiu beber um pouco demais daquele trago potente de vinho de palma. Seus dedos de artesão escorregaram mal e ele moldou aleijados, albinos e cegos. Como resultado desse erro, Obatalá proíbe rigidamente o vinho de palma a seus seguidores. (Parte do princípio compensador da visão de mundo iorubá é revelado no fato de que, ao contrário de Obatalá, Ogum, que foi mais uma vítima da bebida, faz do vinho de palma um ingrediente obrigatório de seu culto. Os iorubás podem ser tranquilizadoramente pragmáticos. A menos que alguém esteja na posição infeliz de ser realmente marcado para o sacerdócio na adoração de Obatalá, ainda é possível ser um seguidor sincero dessa divindade, ficar em êxtase sóbrio em sua celebração e, em seguida, encerrar o festival dos deuses embebedando-se beatificamente no dia de Ogum.) O dia do erro de Obatalá é ocasionalmente, mas não de modo consistente, dado como um fator que contribui para a necessidade de seus ritos de passagem. Surge como um drama de sua essência espiritual por meio de captura, provação, resgate e retorno triunfal — uma encenação da paixão que está ligada ao ciclo de escassez e abundância da natureza.

Duas peças têm particular interesse no drama desse deus; uma é de Obotunde Ijimere, intitulada *The Imprisonment of Obatala*.[5] A outra é a da brasileira Zora Seljan. Intitulada *A história de Oxalá*, tendo por subtítulo *A festa do Bonfim*, festividade em que se baseia, a peça atesta diretamente a vitalidade das religiões africanas na América Latina e no Caribe. Oxalá é a corruptela brasileira do nome *Orisa-nla*, outro nome pelo qual Obatalá é conhecido entre os iorubás. No prólogo à sua peça, Zora Seljan escreve:

> A Festa do Bonfim, na Bahia, é o maior exemplo de sincretismo religioso do nosso tempo, com santos católicos e orixás da África revelando a permanência de um espírito conciliador nas civilizações mistas.
>
> É por isso que a festa do Bonfim é também uma história de Oxalá.
>
> Esta peça teve origem numa lenda de Oxalá, o orixá que a gente dos terreiros sincretizou com o Senhor do Bonfim.
>
> [...]
>
> No processo da catequese, confundiram os escravos a paixão de Cristo, ideia nova, com a lembrança ancestral do cativeiro de Oxalá, que era, para eles, o pai dos santos. Num gesto de piedade, repetindo usanças distantes, a ingenuidade de nossos pretos quis "lavar" de si aquela culpa, tirar a dor do pai, restituir-lhe a brancura majestosa..[6]

Existem, é claro, alguns pontos a serem contestados, já que o conceito de lavar de si uma culpa é algo que foi herdado do cristianismo judaico. A compensação e a restituição são objetivos naturais o bastante para uma raça escravizada nessas circunstâncias, mas a expiação do fardo racial é pura transposição racial pelo culpado. Nada, principalmente na história rebelde dos escravizados no Brasil, pode sustentar essa interpretação, que é um reflexo da consciência europeia.

A determinação de replantar a psique racial deslocada foi um dos motivos da facilidade e permanência com que os deuses africanos foram sincretizados com os santos católicos romanos. O processo foi tão completo que essas divindades passaram a fazer parte da vida espiritual dos próprios católicos romanos brancos que, no Brasil ou em Cuba, se tornaram fiéis regulares do candomblé ou *bembé* (os respectivos termos brasileiro e cubano), adotando os orixás iorubás em sua essência completa como seus padroeiros. Um ponto interessante que devo mencionar, pois está relacionado com o curso real da ação na peça de Seljan: ela comenta em sua introdução que, embora tenha obtido a história das trágicas andanças de Oxalá em *Dieux d'Afrique*, de Pierre Verger, ela não encontrou nesse livro nenhuma referência aos motivos que fizeram Oxalá enfrentar o Destino dessa forma. Esses motivos foram posteriormente elucidados para ela por meio de lendas com as quais teve contato no Rio de Janeiro ou na Bahia, e que tiveram de ser reconstituídas, pois haviam sido anexadas a várias outras lendas às quais não pertenciam. E as causas remotas que Seljan desvendou no Brasil e atribui à trajetória de Oxalá não só diferem das relatadas por Obotunde Ijimere e do saber iorubá tradicional, mas nos oferecem, por contraste, uma peça significativa no tecido da metafísica iorubá. Para Zora Seljan, a jornada de Xangô se *dá* em busca de sua esposa Nanã Buruku, que o abandonou. E, nas razões de sua deserção e na justificativa de Oxalá, descobrimos em que os atributos divinos cristãos diferem dos iorubás. Aprendemos com a autora brasileira que Oxalá fez para si um filho chamado Omolu, senhor da Terra. Como ele seria o deus da cura, com poder sobre a doença e a saúde, a vida e a morte, Oxalá o fez feio e doente em sua própria carne. Nanã Buruku, que o deu à luz, ficou tão enojada que o jogou em um abismo onde, além das deformidades das quais ele já sofria, também desenvolveu um pé torto. Quando, para piorar a situação, Oxalá lhe deu um segundo filho, Exu, que foi criado indiferente aos princípios do bem e do mal, ela fugiu dele e se refugiou no reino de Xangô, jurando nunca mais voltar.

Vemos como, em contraste com a afirmação iorubá de momentos de fraqueza e falhas gerais do deus no desempenho de suas funções, o sincretismo cristão baiano racionaliza a existência dos malformados na sociedade humana dentro do quadro amplo da clarividência e da compreensão supra-humana do deus criador. Os iorubás afirmam que o deus estava embriagado e sua mão escorregou, pondo-o firmemente dentro do atributo humano de falibilidade. Sabendo-se que a falibilidade humana acarreta certas consequências desarmônicas para a sociedade, também é necessária a busca de atividades corretivas, e é esse ciclo que garante o constante processo regenerativo do universo. Ao trazer os deuses para dentro desse ciclo, uma continuidade da regulação cósmica que envolve os mundos dos ancestrais e dos não nascidos também é garantida. O ato de húbris ou seu oposto — fraqueza, passividade excessiva ou inércia — leva a uma ruptura dos equilíbrios na natureza e isso, por sua vez, desencadeia energias de compensação.

A ação em ambas as versões — a de Seljan e a de Ijimere — segue um padrão quase idêntico, exceto pela motivação. Oxalá empreende a jornada para o reino de Xangô, é molestado no caminho por Exu, o deus trapaceiro, e submetido a uma centena de humilhações. Suporta tudo com paciência. Ele é preso (mais uma vez por meio das maquinações de Exu) sob a falsa acusação de roubar o cavalo favorito do rei. Todavia ele não deve se revelar, ou perderá as recompensas pela paciência e humildade, as únicas que podem levá-lo a atingir seu objetivo. Esse foi o aviso de seu Babalorixá, o sacerdote do Oráculo. Mas agora uma praga desce sobre a humanidade, pois Oxalá é o deus da criação. Cessam as chuvas, as crianças morrem no ventre das mães. Na peça de Ijimere:

> Uma maldição caiu sobre Oió
> O milho em seu caule está comido por vermes
> E oco como um velho favo de mel;
> O inhame na terra está seco e
> Fibroso como a palma...
> A criação chega a um impasse
> Quando aquele que transforma sangue em filhos
> Está amargando na prisão.[7]

A complementaridade é perdida e o equilíbrio é destruído. Obatalá (ou Oxalá) é o deus que transforma sangue em filhos; Ogum é o deus que transforma crianças em sangue. Com o primeiro imobilizado, Ogum assume o seu lugar e desfruta de total ascendência. Há distorção nos processos do universo:

> O Portador da Paz, o Pai do Riso
> Está trancado na prisão
> Você libertou Ogum, que se banha em sangue
> Agora mesmo seu reinado começa.
> Ele mata de súbito em casa e de súbito no campo
> Ele mata a criança com o ferro com que ela brinca.
> Ogum mata o proprietário de escravos e os escravizados também
> Ele mata o dono da casa e pinta o lar com seu sangue![8]

Chove sangue, terremotos destroem a cidade, animais colapsam e morrem nas florestas, os rios secam e a terra fica estéril. Na prisão, Obatalá fica sentado, incutindo em todos as virtudes da paciência e da fortaleza, obediente às injunções do Babalorixá, sacerdote de Ifá. Na versão de Ijimere, é Exu quem decide a natureza da punição de Obatalá e então o atormenta no caminho. É um julgamento do espírito.

Tanto na versão iorubá quanto na brasileira, a jornada de Obatalá é apresentada como uma parábola de confronto com o Destino. A motivação inicial na peça de Ijimere logo se torna secundária: Obatalá anseia pelo contato caloroso da amizade. O inhame novo, diz ele, macio e cremoso como é, tornou-se fibroso em sua boca, a carne suculenta da caça tem gosto de cartilagem, e tudo porque seu amigo Xangô não está lá para compartilhá-los com ele. Mas, mesmo que esse desejo não estivesse presente em Obatalá, alguma outra causa ainda teria que ser encontrada, pois o deus da criação tem um encontro com o Destino, em que sua única arma deve ser a paciência. O Babalaô expõe sua fortuna e o lembra de seu crime:

> Você bebeu o vinho leitoso da palma
> Estava fresco e crepitante pela manhã,
> Fermentando na cabaça
> Sua doce espuma transbordou
> Como os olhos de uma mulher apaixonada.
> Você se refrescou de manhã
> Mas ao anoitecer suas mãos estavam instáveis,
> Seus sentidos estavam embotados, as pontas dos dedos entorpecidas.[9]

Ele lista todas as deformidades humanas que resultaram do lapso mortal de Obatalá e pronuncia o julgamento: "Você deve pagar por seus pecados".

Comparemos isso com o crime da mesma divindade na peça brasileira. Sim, ele molda um ser deformado, porém é um ato deliberado. Não apenas isso, mas as vítimas imediatas de sua reviravolta estética não são seres mortais e sim outras divindades — uma a deformidade física, a outra uma deformidade moral. O fato de isso levar a um confronto com o Destino é então atribuído à vaidade e à falta de compreensão de uma esposa um tanto mal-humorada que preferia ter um filho de beleza exterior a um gênio feio. Em nenhum lugar Oxalá é considerado errado ou como tendo cometido qualquer ato que exija expiação. Resulta disso uma qualidade abstrata e desinteressada de seu sacrifício, que sugere influências da encenação da paixão cristã.

A conduta de Xangô na peça de Ijimere agrava a criminalidade das divindades. Zora Seljan garante, em sua versão, que

Xangô permaneça completamente ignorante quanto à identidade do inocente sofredor. Não é assim na versão iorubá. Não é apenas o princípio da justiça que é violado na suposição sumária de Xangô da culpa de Obatalá, mas, de modo mais eloquente, também as exigências de amizade e hospitalidade. O anseio de Obatalá pela companhia de seu amigo enérgico foi respondido com um desprezo megalomaníaco:

> *É possível que o mais sábio de todos*
> *Tenha se tornado o mais tolo?*
> *E o mais puro, o mais sujo?*
> *Ó horror, o Pai do Riso,*
> *Que cavalga o corcunda, virou*
> *Um ladrão comum.*[10]

É do conhecimento comum que a hospitalidade é uma das leis mais preciosas da existência social africana. A esposa de Xangô, Oiá, fica horrorizada com o repúdio irrefletido do esposo à amizade e tenta aplacar sua raiva lembrando-lhe a suntuosa recepção a Xangô por Obatalá em uma ocasião anterior: o canto de louvor, a socadura do inhame, o vinho, a carne de veado, o banquete. Xangô se coloca além da reciprocidade. A cada apelo, sua húbris aumenta. Todas as leis do relacionamento social tradicional são quebradas pelo deus ígneo que agora está além da capacidade de se lembrar até mesmo das exigências de conduta honrada ou generosa. Mas o ato supremo de húbris, a afronta cósmica, reside no fato de Obatalá ser o deus da criação e não poder ser tratado como um fator irrelevante na harmonia cósmica. Oiá é rápida em lembrar ao marido os perigos de uma ruptura no princípio cósmico de complementaridade, mas Xangô está longe de se importar. Ogum agora aparece como a metade incontestável do princípio destrutivo-criativo, pois a destruição não é simplesmente a devastação física causada por Xangô, mas uma devastação da própria Natureza:

> *Algumas mulheres morrem no parto; elas sangram*
> *Até que seu corpo esteja drenado e seco.*
> *Ou então o fruto apodrece em seu útero*
> *Antes que veja a luz do dia.*[11]

"Eu temo", diz Oiá, que permanece o tempo todo como a voz da razão e da clarividência, "temo que estejamos pagando agora pela injustiça do rei."

Dois deuses, ambos culpados de comportamento antissocial. As consequências de suas ações são experienciadas por seus súditos mortais. As vítimas na peça de Zora Seljan também são mortais, mas ambos os deuses aqui são inocentes do mal. Ironicamente, como não podemos deixar de observar que a base estrutural dos ritos de Zora Seljan é a eliciação da "essência", deve-se observar que é em sua versão que Oxalá tem permissão para uma redução da "essência estoica pura". Uma expressão beatífica da divindade, sim; mas, embora seus sofrimentos físicos pareçam ser maiores do que em *The Imprisonment of Obatala*, ele não experimenta na peça de Seljan aquele nível de rejeição que ocorre na de Ijimere. A rejeição de Xangô na peça de Ijimere deixa Obatalá sem mais recursos, sem esperança e sem perspectivas de restituição. Além disso, uma vez que ele está consciente de sua própria infração causal, sua situação deve ser de desânimo espiritual carregado de culpa. Oxalá, na outra peça, é constantemente tranquilizado pelo conhecimento de sua completa inocência e bondade e, portanto, da certeza da vindicação. Aliás, é improvável que ele pudesse ter atingido o nível definitivo da rejeição que caiu sobre Obatalá em *The Imprisonment of Obatala*, visto que seu objetivo principal naquela jornada havia se tornado deliberadamente o instrumento de sua humilhação. Seljan parece mais preocupada em estabelecer justo o oposto de Ijimere — a concepção de Xangô como um princípio de Justiça. E não apenas Xangô, mas todas as divindades como princípios, abstrações, essências. Emanações transcendentais, em vez de criações de carne e osso. Considerem-se os seguintes versos de *The Imprisonment of Obatala*:

> Então o inhame novo voltou
> Mais branco que os dentes, mais branco que o sal,
> Mais branco que o globo ocular,
> Mais branco que as contas da minha coroa.
> Inhame:
> Você tem o poder de transformar um sábio em um tolo
> Você faz com que a esposa recém-casada perca seus modos
> O homem modesto desabotoa a camisa, seus olhos se arregalam
> O inhame novo não sabe a diferença entre mendigo e rei
> Entre o ladrão e o rico, entre o homem e Deus;
> Você faz todos igualmente gananciosos.[12]

Ou estes, da laceração verbal do infeliz Obatalá por Xangô:

> Que loucura roubar um cavalo que ele não pode montar
> Como um velho chefe impotente

Que se casa com uma jovem esposa tenra
E esconde o fruto murcho
Entre suas pernas.
Ó, se ele houvesse tentado montar
Essa chama negra trêmula
Ele teria sido afastado
Ainda mais rápido do que a esposa frustrada
Livrou-se de seu marido flácido
A quem faltava a ferramenta
Para fazê-la sangrar e suar.[13]

Tal linguagem não será encontrada na peça brasileira. Os deuses iorubás na versão brasileira não suam nem copulam. Uma cena como a que ocorre na peça de Ijimere, em que Obatalá não apenas discute com um fazendeiro estúpido como é insultado e espancado pelo mortal, estaria deslocada na peça de Seljan. O que encontramos em seu lugar é a essência transcendentalista, o início da atenuação do terrestrialismo de que falei antes, provocado pelo encontro dos deuses com os santos cristãos.

O reino de Xangô em Seljan é semelhante a um cenário olímpico. Mesmo os *boudoirs* onde as mulheres dos deuses se encontram, fofocam e organizam os negócios domésticos do dia são um bastião de distanciamento divino. No final de sua provação, a recompensa de Oxalá à esposa por sua fidelidade é uma coroa feita de sol derretido e estrelas preciosas. O efeito dessa base estética é que mesmo a ordem ética e os equilíbrios implícitos na peça pertencem a uma ordem de existência diferente, muito diversa daquela do drama de Obatalá, em que a concisão da metáfora e as paixões das divindades são levadas a um nível terreno e a resolução — a moral extraída do princípio da complementaridade — é declarada em termos do bem-estar da raça. Há um distanciamento alegórico em *A festa do Bonfim*: as criaturas que a povoam são indiscutivelmente, e muito naturalmente, rarefeitas pela incorporeidade daqueles santos com os quais os deuses iorubás se sincretizaram. Mesmo em um ambiente de floresta: "Iansã vive rindo entre farândulas. Colhe as brisas dos terrais e enfeita-se de orvalho e folhas secas".[14] Não encontraremos tais imagens etéreas empregadas na terra natal original dessas divindades. Ou, novamente:

> Que mais queres, rosa de ouro? Teu rosto é nata de mel, teu corpo é onda do mar. Quando vais à fonte, as plantas se curvam e as borboletas te seguem.[15]

Nas peças da fonte original, os deuses são concebidos mais no imaginário de turfa, calcário, óleo, grãos, sangue, durâmen e tubérculos, e em metáforas ativas das preocupações sociais humanas. (Uma consideração incidental é que, ao criar Omolu, Oxalá saiu da matriz elísia da estética e criou um curador com o rosto de um tubérculo de inhame. Um lapso deplorável em direção ao atavismo, talvez, mas dificilmente uma causa profunda o suficiente, foi o fato de sua esposa, Nanã Buruku, não estar alienada culturalmente para gerar uma necessidade, na Natureza, de "ritos de passagem".) Mais grave, contudo, o enfraquecimento estrutural das moralidades dramáticas implícitas em todos esses confrontos com o Destino é o resultado lógico dessa estética do distanciamento que define, na peça brasileira, a realidade dos deuses. Quando os arquétipos rituais adquirem novas características estéticas, podemos esperar reajustes nos imperativos morais que os trouxeram à existência inicialmente, no centro dos esforços humanos para ordenar o universo.

Há muito menos indulgência na composição de Ogum, a última de nossas três divindades representativas. Em um ensaio anterior meu — "O quarto palco" —* tentei ilustrar o Ogum essencial, usando conceitos helênicos, como uma combinação dos princípios dionisíacos, apolíneos e prometeicos. Na metafísica iorubá, nenhuma outra divindade no panteão se correlaciona tão absolutamente, por meio de sua própria história e natureza, com o temperamento numinoso da quarta área da existência a que rotulamos como o abismo da transição. Comumente reconhecidos na maior parte da metafísica africana são os três mundos que já discutimos: o dos ancestrais, o dos vivos e o dos não nascidos. Menos compreendido ou explorado é o quarto espaço, o *continuum* escuro da transição onde ocorre a intertransmutação da essência-ideal e da materialidade. Ele abriga a expressão máxima da vontade cósmica.

A história de Ogum é a história da conclusão da cosmogonia iorubá; ele encapsula o surgimento dessa cosmogonia em seus próprios ritos de passagem. Em nosso encontro com Obatalá, nos deparamos com alguns versos bastante sanguinários que contrastavam a natureza de Ogum com a de Oba-

---

* Reproduzido aqui nas pp. 191-214. (N. E.)

talá. Portanto, talvez devêssemos começar corrigindo isso com outros versos dos cânticos de louvor a Ogum que dão uma perspectiva mais equilibrada de sua natureza verdadeira. Ele é conhecido como "protetor dos órfãos", "telhado sobre os sem-teto", "terrível guardião do juramento sagrado". Representa uma justiça transcendental, humana, mas rigidamente restaurativa:

> *Seu lar é repleto de riquezas, no entanto, enfeitado com folhas de palmeira*
> *Ele se aventura adiante, refúgio dos oprimidos.*
> *Para resgatar escravos, desencadeou o julgamento da guerra*
> *Por causa dos cegos, mergulhou na floresta*
> *De ervas curativas, Ser Generoso*
> *Que se faz baluarte dos descendentes dos mortos no céu*
> *Saudações, ó ser solitário, que se banha em rios de sangue.*[*]

Sim, o sangue nunca está de todo ausente, mas pelo menos sabemos que não é simplesmente por sede de sangue.

E Ogum é também o mestre artesão e artista, fazendeiro e guerreiro, a essência da destruição e da criatividade, um recluso e um bebedor gregário, um líder relutante de homens e divindades. Ele é o "Senhor da Estrada" de Ifá, isto é, ele abre o caminho para o coração da sabedoria de Ifá, representando assim o instinto de busca de conhecimento, um atributo que o diferencia como a única divindade que "procurou o caminho", aproveitando os recursos da ciência para abrir uma passagem através do caos primordial para a reunião dos deuses com o homem. A jornada e sua direção

---

[*] Ver p. 193. (N. E.)

estão no âmago do ser de Ogum e da relação entre os deuses e o homem. A direção e a motivação da jornada são também uma indicação do viés geocêntrico dos iorubás, pois eram os deuses que precisavam vir até a humanidade, angustiados por uma sensação contínua de incompletude, necessitando recuperar sua essência de totalidade havia muito tempo perdida. Foi Ogum quem os conduziu; foi seu o primeiro rito de passagem pelo reino ctônico.

A causa da inquietação espiritual dos deuses datava da própria origem deles. Outrora, existia apenas o ser solitário, o primogenitor de deus e do homem, assistido somente por seu escravo Atunda. Não sabemos de onde Atunda veio — os mitos são sempre descuidados com os detalhes —, talvez o ser original o tenha moldado da terra para que o ajudasse nas tarefas domésticas. No entanto, o escravo se rebelou. Por razões que só ele conhece, fez rolar uma enorme pedra sobre o deus enquanto este cuidava de seu jardim na encosta de uma colina, lançando-o no abismo, partido em mil e um fragmentos (novamente, o número varia). A fragmentação da divindade original pode ser vista, entretanto, como fundamental para a resolução humana quanto à experiência do nascimento e à desintegração da consciência na morte. O próprio ritualismo é aliado a essas constantes axiais; em seu drama trágico, os deuses servem como meios para essa experiência central; os conflitos e eventos são artifícios ativos para facilitar a entrada na experiência, motivos dramáticos cujo formalismo estético dissolve a barreira da distância individual.

A criação da divindade múltipla deu início a uma transferência de funções sociais — a divisão de trabalhos e profissões entre as deidades que a partir de então passaram a presidir esses domínios. O fragmento da Unidade original que continha a centelha criativa parece ter passado para a essência de Ogum, que manifesta um temperamento voltado para a criatividade artística, bem como para a proficiência tecnológica. Seu mundo é o do artesanato, da música e da poesia. Os praticantes de ijala, a forma lírica suprema da arte poética iorubá, são seguidores de Ogum, o caçador. Os ijalas celebram não apenas a divindade, mas a vida animal e vegetal, procuram captar a essência e as relações das coisas em crescimento e as percepções humanas sobre os segredos do universo. Com a criatividade, no entanto, surgiu seu aspecto complementar, e Ogum veio a simbolizar o princípio criativo-destrutivo. Isso de forma alguma usurpa a esfera de ação de Obatalá, cuja tarefa é criar a forma sem vida do homem. Obatalá tampouco é levado a destruir. Ele é um funcionalista da criação, não é como Ogum, que é a própria essência da criatividade.

No entanto, nenhum deles, nem mesmo Ogum, estava completo em si mesmo. Era preciso haver uma jornada através do vazio para beber da fonte da mortalidade, embora, como alguns mitos sugerem, o propósito fosse de fato inspecionar a humanidade e ver se o mundo povoado pelos fragmentos mortais do ancestral comum estava realmente prosperando. Mas o vazio havia se tornado impenetrável. Um longo isolamento do mundo dos homens havia criado uma barreira intransponível, que eles tentaram demolir, porém falharam. Ogum finalmente assumiu o controle. Munido do primeiro instrumento técnico que havia forjado a partir do minério dos ventres das montanhas, limpou a selva primordial, mergulhou no abismo e convocou os outros a segui-lo. Por esse feito os deuses lhe ofereceram uma coroa, convidando-o a ser seu rei. Ogum recusou. A sociedade humana cometeria o mesmo erro e se mostraria suficientemente persistente para desviá-lo de sua sábia e ponderada recusa. Na chegada à terra, as várias divindades seguiram seu caminho, observando e inspecionando. Ogum, em suas andanças, chegou à cidade de Irê, onde foi bem recebido, retribuindo mais tarde sua hospitalidade quando veio em seu auxílio contra um inimigo. Em agradecimento, foi-lhe oferecida a coroa de Irê. Ele declinou e retirou-se para as montanhas, onde vivia em solidão, caçando e plantando. Foi repetidamente importunado pelos anciãos de Irê, até que por fim consentiu.

Quando desceu entre eles pela primeira vez, as pessoas fugiram. Ogum apresentou uma faceta sua que esperava que fosse pôr fim à persistência deles. Desceu em seu traje de guerra feito de couro, manchado de sangue da cabeça aos pés. Quando eles fugiram, voltou para sua toca na montanha, satisfeito porque a lição havia sido implementada. Infelizmente, eles voltaram mais uma vez. Imploraram ao deus, se viesse em trajes menos aterrorizantes eles o receberiam como rei e líder. Ogum acabou consentindo. Desceu enfeitado com folhas de palmeira e foi coroado rei. Guerra após guerra, ele conduziu seus homens à vitória. Então, por fim, chegou o dia em que, durante uma calmaria na batalha, nosso velho amigo Exu, o deus trapaceiro, deixou uma cabaça de vinho de palma para a divindade sedenta. Ogum achou o vinho deliciosíssimo e esvaziou a cabaça até a última gota. Nessa batalha, o inimigo foi derrotado ainda mais rápido do que o normal, e a carnificina foi maior do que nunca. Contudo, a essa altura, para o deus bêbado, amigo e inimigo haviam se confundido; ele se voltou contra seus homens e os massacrou.

Essa era a possibilidade que o havia perseguido desde o início e o fizera recuar do reinado sobre os homens. No entanto, a natureza obstinada de Ogum é tal que, à diferença de Obatalá, ele não proíbe o uso de vinho de palma em sua adoração — pelo contrário. Ogum é a encarnação do desafio, o instinto prometeico no homem, sempre a serviço da sociedade para sua plena realização. Daí seu papel de explorador do caos primordial, o qual conquistou e depois transpôs com o auxílio dos artefatos de sua ciência. As outras divindades que seguiram através do reino de transição só puderam compartilhar vicariamente da experiência original. Apenas Ogum experimentou o processo de ser literalmente dilacerado pelos ventos cósmicos, de resgatar-se do limite precário da dissolução total, aproveitando a parte intocada de si mesmo, a vontade. Essa é a essencialidade única de Ogum na metafísica iorubá: como encarnação da vontade social, comunal, investida em um protagonista de sua escolha. É como um paradigma dessa experiência de dissolução e reintegração que o ator, no ritual dos arquétipos, pode ser compreendido.

A ação de Ogum não se deu de forma isolada. Sua aventura foi necessariamente um drama de tensão individual, mas mesmo seu momento de individuação foi de comunhão, permitindo aos outros deuses compartilhar, um momento cujo fim último era nada menos que um fortalecimento da psique comunal. Essa é uma dimensão diferente da travessia sagrada internalizada de Obatalá ou do egoísmo destrutivo de Xangô. A ação foi realizada nos níveis prático e simbólico de protagonista em prol da comunidade. O ator no drama ritual opera da mesma maneira. Ele se prepara mental e fisicamente para sua desintegração e recomposição no ventre universal de origem, experimenta a matriz transicional, embora incipiente, da morte e do ser. Tal ator, no papel de protagonista, torna-se o porta-voz do deus sem resistência, emitindo sons que ele mal compreende, mas que são reflexos do vislumbre impressionante daquele vão transicional, o caldeirão fervente da sombria vontade do mundo e da psique. O sentimento trágico no drama iorubá origina-se do conhecimento empático da incursão do protagonista nesse abismo psíquico das energias recriadoras.

É por causa da realidade desse vão, desse abismo, tão crucial para a ordenação cósmica iorubá, que Ogum se torna uma figura-chave na compreensão do mundo metafísico iorubá. O vão é o que deve ser o tempo todo reduzido (ou tornado menos ameaçadoramente distante) por sacrifícios, rituais, cerimônias de apaziguamento dos poderes cósmicos que a guardam. Ogum, ao incorporar em si tantos atributos aparentemente contraditórios, representa a concepção mais próxima da unidade original de Orixalá. É significativo que seu festival chegue ao ápice com o sacrifício simbólico de seu animal favorito. Um cachorro, agora um substituto do deus, tem seu pescoço cortado. Em seguida, ocorre uma luta simbólica simulada entre o sacerdote e seus acólitos pela posse do corpo, ou seja, do deus. Antes disso, o cajado de Ogum, representado por longos bastões flexíveis encimados por torrões de minério amarrados em folha de palmeira, é carregado por homens pela cidade. O minério pesado no topo e a flexibilidade da madeira tensionam o bastão em curvas vibrantes, forçando os homens a se mover entre os participantes, que vão lhes dando espaço para manter o bastão equilibrado. Eles então sobem até o bosque de Ogum, no topo das montanhas, onde mais participantes, enfeitados com folhas de palmeira, carregam ramos da planta nas mãos.

A fusão dinâmica na natureza voluntariosa de Ogum, representada na dança dos torrões de minério, é complementada pelo simbolismo pacífico da palma em que o minério está amarrado; os saltos frenéticos dos homens subindo a encosta, pelo beatífico cântico das mulheres, que os encontram no sopé da montanha e os acompanham para casa com música. Por meio de tudo isso — a associação da folha da palmeira com o vinho do erro de Ogum, no entanto símbolo de sua natureza pacífica; o minério agressivo e as folhas que os amarram; o balé da tensão de equilíbrio dos homens com os bastões pesados; a fusão de imagem e invocações de fertilidade nas tensas cabeças fálicas emolduradas contra o céu e os pés de homens cobertos de suor batendo na terra; os ritmos ressonantes dos gongos de ferro de Ogum e a pacífica progressão de acordes das figuras vestidas de índigo e nas vozes das mulheres na planície — desdobra-se um casamento dinâmico entre a estética do ritualismo e as moralidades de controle, equilíbrio, sacrifício, espírito protagonista e os imperativos de coesão, difundindo uma tonalidade espiritual que enriquece o ser individual e a comunidade.

George Thomson, em seu *Aeschylus and Athens*, chega muito perto de dar uma descrição perceptiva do processo pelo qual o papel do ator protagonista transcende o conflito real do ritual e transmite a experiência mais profunda de um desafiante do abismo de transição. Mas ele se esquiva da plenitude de sua óbvia iluminação e deixa a meio-caminho a realidade observável da relação protagonista-público. Esse é um exemplo interessante do que acontece quando os estudiosos subvertem suas deduções inteligentes, cedendo aos imperativos de deuses estranhos e ciumentos — no caso dele, o marxismo:

> O mito foi criado a partir do ritual. Esse último termo deve ser entendido em um sentido amplo, pois na sociedade primitiva tudo é sagrado, nada é profano. Cada ação — comer, beber, cultivar, lutar — tem seu próprio procedimento, que, sendo prescrito, é sagrado.[16]

Isso certamente é o que Jonathan Swift chamaria de "entusiasmo", um exagero perdoável, comum aos mais positivos entre os sociólogos estrangeiros. Herskovits foi outro pecador notável a esse respeito, em seus esforços para compreender o teatro africano tradicional. No entanto, Thomson continua:

> No canto e na dança do rito mimético, cada intérprete se retirava, sob o efeito hipnótico do ritmo, da consciência da realidade — que era peculiar a si mesmo, indivíduo — para o mundo subconsciente da fantasia — que era comum a todos, coletivo; e desse mundo interior eles voltavam carregados de novas forças para a ação. Poesia e dança, que nasceram do rito mimético, são fala e gesto elevados a um nível mágico de intensidade. Por muito tempo, em virtude de sua origem e função comuns, eles foram inseparáveis. A divergência entre poesia e dança, mito e ritual, só começou com a ascensão da classe dominante, cuja cultura estava divorciada do trabalho de produção.[17]

Deixaremos de lado essas últimas especulações marxistas, por estarem fora do escopo desse tema. Os pontos que nos dizem respeito aqui são (1) o reconhecimento da natureza integral da poesia e da dança no rito mimético e (2) a retirada do indivíduo para um mundo interior do qual ele retorna comunicando uma nova força para a ação. A definição desse mundo interior como "fantasia" trai um condicionamento ou alienação eurocêntrica. Nós o descrevemos como a realidade primordial, a província da transição. A comunidade emerge da experiência ritual "carregada de uma nova força para a ação" por causa do assalto prometeico do protagonista aos recursos duráveis do reino da transição; imerso nele, o protagonista é habilitado empaticamente a transmitir a essência da transição aos participantes córicos dos ritos — a comunidade. Não podemos considerar que tal comunicante se retira da realidade consciente, mas sim que sua consciência se estende para abraçar outra realidade, a primordial. O efeito comunicante sobre o público, que é o receptáculo córico e o mecanismo de aterramento do aventureiro, não é uma regressão ao "mundo subconsciente da fantasia". Exceto por meio do hipnotismo em massa, que não é sugerido por Thomson, a fantasia é individual e incomunicável — pelo menos até o evento, e apenas por meios gráficos ou verbais. Descrever um mundo interno *coletivo* como fantasia não é inteligível, pois a natureza de um mundo interno em uma sociedade coesa é a essencialização de uma visão de mundo racional, que é extraída da realidade da experiência social e natural, bem como da realidade integrada de mitos raciais, na forma de uma moralidade viva. A transmissão eletrônica (ou simplesmente telepática?) de ideogramas de uma fantasia coletiva é uma fantasia apenas dos que afirmam isso. O que é transmitido no ritual é a essência e a resposta, as energias residuais da excursão do protagonista ao reino da vontade cósmica que, na expressiva frase de Thomson, carrega a comunidade com uma nova força para a ação.

Mas talvez o entendimento de Thomson derive das teorias junguianas. Jung, gerador de tantas distorções racistas da estrutura da psique humana, considera equivalentes arquétipos rituais e imagens de fantasia psicótica. Embora a intrusão de imagens arquetípicas na condição psicótica (ou delírios febris e por excesso de bebida, nesse caso) seja uma ocorrência reconhecida, a percepção de Jung torna-se estreita em sua relação indiferentemente hierárquica de tais produtos da mente perturbada com a qualidade imanente do arquétipo ritual. Um é o homólogo descontextualizado e desarmonizado (na melhor das hipóteses!) do outro, privado de sentido e conexão (ou arrancado de relações normais para anormais). Imagem extirpada, destituída, das relações simbólicas com a realidade apreendida. A profissão do psicanalista se baseia na separação das novas imagens isoladas de seu ambiente hostil; ele não tem recursos (sendo um outsider) para equacionar essas imagens com a realidade-essência original delas. A ilusão assalta o analista quando novos padrões de componentes isolados, por atingirem uma direção consistente própria, são usados para simular ou refletir os motivos arquetípicos coesos de um mundo interior primordial.

"A mentalidade primitiva" declarou Jung (e suas suposições são baseadas em exemplos *vivos*, não em uma projeção retrospectiva do desenvolvimento humano),

> difere da civilizada sobretudo porque a mente consciente é muito menos desenvolvida em extensão e intensidade. Funções

como o pensamento, a vontade etc. ainda não estão discriminadas [...]. [O primitivo] é incapaz de qualquer esforço consciente da vontade [...]. [D]evido ao estado crepuscular crônico de sua consciência, muitas vezes é quase impossível descobrir se ele apenas sonhou algo ou se realmente o experienciou [...].[18]

E desse modo, sob a autoridade de etnólogos europeus que não possuem a *linguagem* para penetrar nos próprios significados de "sonhar", "experienciar", "pensar", e assim por diante, de aborígenes australianos e de outros povos, Jung procede à identificação dos territórios de sonho, fantasia, exalações psicóticas etc., com a estrutura histórico-empírico-ético-psíquica na qual o arquétipo ritual está alojado. O que *nós* chamamos de mundo interior mítico é tanto a subestrutura psíquica quanto a subsidência temporal, a história cumulativa e as observações empíricas da comunidade. Não obstante, isso é primordial naquele tempo, em sua realidade cíclica, é fundamental ali. O mundo interior não é estático, sendo constantemente enriquecido pela experiência moral e histórica humana. Jung, ao contrário, declara que "o arquétipo não procede de fatos físicos".[19] Então ele é primordialmente autógeno? As contradições sugeridas por observações em outros textos, tais como "O arquétipo [...] faz a mediação entre o substrato inconsciente e a mente consciente", "lança uma ponte entre a consciência do presente [...] e a totalidade natural, inconsciente e instintiva dos tempos primitivos", são explicáveis por esta simples observação: Jung diferencia a natureza do arquétipo na mente "primitiva" daquela da mente "civilizada", mesmo quando diz da boca para fora que concorda com a universalidade de um inconsciente coletivo e com a ideia de que o arquétipo também habita aquelas áreas remotas.

Os meios para o nosso mundo interior de transição, o vórtice dos arquétipos e o forno das imagens primitivas, é a experiência ritualizada dos próprios deuses e de Ogum, em especial. A identificação de Ogum com a mitopeia inata da música não é fortuita. A música é a linguagem intensiva de transição e seu meio de comunicação, o catalisador e o solvente de seu arsenal regenerativo. O ator não ousa se aventurar nesse mundo despreparado, sem sacrifícios simbólicos e a invocação de guardiões eudemônicos do abismo. Na desintegração e recuperação simbólicas do ego do protagonista está refletido o destino de ser. Esse é o legado do ritual para a arte trágica posterior: o herói trágico se coloca diante de sua realidade contemporânea como o protagonista ritual à beira do abismo da transição; infelizmente, a evolução da arte trágica na direção do evento específico encolheu seu escopo cósmico, por mais que o herói se aproxime do arquetípico. E sua moralidade tornou-se mera extração do intelecto, separada dos processos totais do ser e da continuidade humana.

2. O drama e a visão de mundo africana

PRIMEIRO, vamos descartar algumas pistas falsas. As sérias divergências entre a abordagem africana tradicional do drama e a europeia não serão encontradas em linhas de oposição entre individualismo criativo e criatividade comunal, nem no nível de ruídos da plateia — sendo esse o suposto indicador de participação do público — em qualquer performance. Elas serão encontradas com maior precisão naquilo que é um modelo de pensamento ocidental reconhecível, um hábito compartimentalizador de pensamento que seleciona periodicamente aspectos da emoção humana, observações fenomênicas, intuições metafísicas e até mesmo deduções científicas e os transforma em mitos separatistas (ou "verdades") sustentados por uma superestrutura proliferativa de expressões idiomáticas de apresentação, analogias e modos analíticos. Desenvolvi uma metáfora bastante elaborada para descrevê-lo; como era de esperar, não é apenas mecanicista, mas representa uma tecnologia de uma época que também marcou uma nova fase da abrangente visão de mundo do homem ocidental.

Imagine uma locomotiva a vapor que se desloca entre estações suburbanas bem próximas. Na primeira estação, ela pega um lastro de alegoria, então resfolega até a próxima, soltando uma cortina de fumaça na paisagem eterna das verdades da natureza. Na estação seguinte, é carregada com uma espécie diferente de toras que chamaremos de madeira naturalista, e resfolega até uma parada no meio do caminho onde é abastecida com o combustível sintético do surrealismo; ponto a partir do qual outra visão de mundo holística é vislumbrada e afirmada por meio da fumaça psicodélica. Uma nova remessa de carvão absurdista a atrai até a próxima estação, de onde parte sem soltar fumaça ou fogo, até descarrilar em breve ao longo das trilhas do construtivismo e ser rebocada de volta ao ponto de partida por um motor neoclássico.

Esse, para nós, é o ritmo criativo ocidental, uma série de espasmos intelectuais que, sobretudo hoje, parece suscetível até mesmo à manipulação comercial. E a diferença que procuramos definir entre o drama europeu e o africano como uma representação formal da experiência do homem não é simplesmente uma diferença de estilo ou forma, nem se limita ao drama. É representativa das diferenças essenciais entre duas visões de mundo, uma diferença entre uma cultura cujos próprios artefatos são evidências de uma compreensão coesa de verdades irredutíveis e outra cujos impulsos criativos são dirigidos pela dialética do período. Portanto, para começar, devemos descartar aquela distinção em voga que tende a encapsular o drama ocidental como uma forma de empreendimento esotérico espionado por estranhos pagantes, em contraste com uma evolução comunal do modo dramático de expressão, sendo esse último o africano. De muito maior importância é o fato de que a crítica dramática ocidental habitualmente reflete o abandono de uma crença na cultura como definida dentro do conhecimento do homem das relações fundamentais e imutáveis entre ele e a sociedade, e dentro do contexto mais amplo do universo observável.

Tomemos, a título de exemplo paradigmático, um tema comum no drama de máscaras tradicional: uma luta simbólica com as presenças ctônicas, sendo o objetivo do conflito uma resolução harmoniosa para a plenitude e o bem-estar da comunidade.[1] Qualquer indivíduo na "plateia" sabe que não pode juntar sua voz *arbitrariamente*, mesmo nas passagens mais sedutoras de uma canção invocatória, nem contribuir com um refrão numa sequência familiar de trocas litúrgicas entre os protagonistas. O momento da participação córica é bem definido, mas isso não implica que, até tal momento, a participação cesse. A assim chamada plateia é em si parte dessa arena de conflito; ela contribui com força espiritual para o protagonista através de sua realidade córica, que deve primeiramente ser conjurada e estabelecida, definindo e investindo a arena por meio de oferendas e encantamentos. O drama seria inexistente exceto dentro dessa representação simbólica da terra e do cosmo, e visto contra ela; exceto dentro desse pacto comunal cuja essência córica supre de energia coletiva o desafiante dos reinos ctônicos. A participação aberta, quando ocorre, é canalizada por meio de um repertório formalizado de gestos e respostas litúrgicas. O participante "espontâneo" de dentro da plateia não se permite dar vazão a um mero impulso ou a uma euforia que o faça parecer uma entidade dissociada de dentro da massa córica. Se isso acontecer, como de fato é possível, o evento será uma aberração que pode colocar em risco os objetivos eudemônicos dessa representação. O responsável pela intromissão — cujo equilíbrio mental é considerado temporariamente perturbado — é levado em silêncio para fora e os feitiços apropriados (em geral discretos) são lançados para combater os riscos do evento anormal.

Gostaria de me aprofundar um pouco mais nesse sentido ritualístico de espaço, pois está intimamente ligado à visão de mundo abrangente da sociedade que o gerou. Vamos tratá-lo primeiro como um meio, no sentido comunicativo, e, como qualquer outro meio, ele é mais bem definido pelo processo de interrupção. Em termos teatrais, essa interrupção é efetuada principalmente pelo aparato humano. Som, luz, movimento e até mesmo cheiro podem todos ser usados validamente para definir o espaço, e o teatro ritual usa todos esses instrumentos de definição para controlar e tornar concreto, para paralelizar (essa talvez seja a melhor descrição do processo) as experiências ou intuições do homem naquele ambiente muito mais perturbador, que ele define de várias maneiras, como vazio, vacuidade ou infinito. A preocupação do teatro ritual nesse processo de definição espacial que antecede, como vamos descobrir, a própria encenação, deve, portanto, ser vista como parte dos esforços constantes do homem para dominar a imensidão do cosmo com seu eu minúsculo. Os eventos reais que compõem a encenação são eles mesmos, no teatro ritual, uma materialização dessa aventura básica do eu metafísico do homem.

O teatro é, então, uma arena, uma das mais antigas que conhecemos, na qual o homem tem tentado chegar a um acordo com o fenômeno espacial de seu ser. Mais uma vez, ao falar de espaço, reconheçamos antes de mais nada que, com o avanço da tecnologia e a evolução — alguns prefeririam chamá-la de contraevolução — da sensibilidade técnica, a visão espacial do teatro tem se tornado cada vez mais reduzida a áreas de atuação puramente física em um palco, em oposição a uma arena simbólica para competições metafísicas. Os primórdios pagãos do teatro grego mantiveram sua validade simbólica para dramaturgos por séculos após o evento, de modo que as posições relativas de suplicante, tirano ou deus ex machina, bem como do ofertório ou altar, eram constantemente impressas no público e criavam conotações emocionais imediatas, tanto quando eram usadas como por seu próprio ato de ser. (Não desejo, para os propósitos deste ensaio, debater se a fixidez dessas posições reduzia a experiência das relações cósmicas da plateia, em contraste com a abordagem fluida do espaço ritual africano.) O teatro medieval europeu, por sua vez, correspondendo à mitologia religiosa de seu período, criou um *microcosmo* constante com suas correspondências espaciais de bem e mal, anjos e demônios, paraíso, purgatório e inferno. Os protagonistas da terra, do céu e do inferno encenaram suas diversas provações e conflitos em relação a essas posições tradicionais, e o reconhecimento automático dessas situações hierárquicas do homem criou ansiedades e esperanças espirituais nos corações da plateia. Mas, observe, o território apreendido pelo homem já começou a se contrair! A representação cósmica se reduziu a uma representação puramente moral, um somatório em termos de penalidades e recompensas. O processo continuou ao longo de sucessivos períodos de explorações parciais europeias do que antes era um meio de totalidade, alcançando aberrações analíticas como na amostra de compartimentação que afirma que o lado direito (do ator) no palco é "mais forte" do que o esquerdo. Não vamos encontrar nenhuma prova dessa afirmação ridícula nos primórdios do teatro grego ou africano.

O teatro ritual, convém lembrar, estabelece o meio espacial não apenas como uma área física para eventos simulados, mas como uma contração administrável do invólucro cósmico dentro do qual o homem — não importa o quão profundamente enterrada tal consciência tenha se tornado nos últimos tempos — existe, temerosamente. E essa tentativa de administrar a imensidão de sua consciência espacial faz de cada manifestação no teatro ritual um paradigma para a condição cósmica humana. Há paralelos transitórios, breves momentos visuais dessa experiência no teatro europeu moderno. O espetáculo de uma figura humana solitária sob um holofote em um palco escuro é, à diferença de uma pintura, um exemplo vivo, pulsante, ameaçadoramente frágil desse paradigma. É ameaçador porque, diferentemente de uma parábola semelhante sobre tela, sua fragilidade é experimentada tanto no nível de seu simbolismo quanto em termos de preocupação solidária com o bem-estar daquele meio humano imediato. Digamos que ele é um personagem trágico: ao primeiro sinal de um bloqueio no momento de uma declamação trágica, o público fica nervoso por ele, perguntando-se: Ele esqueceu sua fala? Desmaiou? Ou, no caso da ópera: Ela alcançará aquela nota mais alta? Bem, o teatro ritual tem uma ansiedade adicional, muito mais fundamental. De fato, é correto dizer que a ansiedade técnica, mesmo onde existe — afinal ela existe; o elemento da forma criativa nunca está ausente, mesmo na chamada consciência primitiva — então, onde ela existe, nunca está tão profundamente engajada como com a manifestação moderna.

O verdadeiro medo não manifestado é: esse protagonista sobreviverá ao confronto com forças que existem dentro da perigosa área de transformação? Entrar nesse microcosmo envolve uma perda de individuação, uma autossubmersão na essência universal. É um ato realizado em nome da comunidade, e o bem-estar desse protagonista é inseparável do bem-estar de toda a comunidade.[2] Esse entendimento ritual é essencial para uma participação profunda nos processos catárticos das grandes tragédias. Para tentar defini-lo com ainda mais clareza, gostaria de me referir mais uma vez à pintura, essa arte essencialmente individualista. Ao superar o desafio do espaço e do cosmo, um Turner, um Wyeth ou um Van Gogh utiliza infinitos arranjos de cores, formas e linhas para extrair afirmações metafísicas verdadeiramente angustiantes ou consoladoras provenientes de fenômenos naturais. Não há, no entanto, nenhum envolvimento da experiência comunitária nesse meio particular. A transmissão é individual. Não é menos essencial à soma da experiência humana, mas é, mesmo quando vista por mil pessoas ao mesmo tempo, uma mera soma de experiências fragmentadas, individuais e vicárias. A singularidade do teatro é sua simultaneidade na formação de uma experiência humana única — da forma mais bem-sucedida. É fato que nem sempre isso acontece, mas isso não invalida a verdade de que, nas próprias raízes do fenômeno dramático, essa afirmação do eu comum era o objetivo experiencial. A busca, mesmo por dramaturgos europeus modernos, das raízes ritualistas das quais se podem extrair visões da experiência moderna é uma pista para a necessidade profunda do homem criativo de recuperar essa consciência arquetípica nas origens do meio dramático.

O teatro ritual, visto da perspectiva espacial, visa refletir, através de meios físicos e simbólicos, a luta arquetípica do ser mortal contra as forças externas. Uma visão trágica do teatro vai além e sugere que mesmo o chamado drama realista ou literário pode ser interpretado como um reflexo mundano dessa luta essencial. O drama poético, em especial, pode ser considerado um repositório desse aspecto essencial do teatro; sendo em grande parte metafórico, ele expande o significado e a ação imediata dos protagonistas, transformando-os em um mundo de forças da natureza e concepções metafísicas. Ou, dito de outra forma, poderosas influências naturais ou cósmicas são internalizadas nos protagonistas, e esse fator implosivo cria a escala titânica de suas paixões, mesmo quando a base do conflito parece dificilmente justificá-lo (*Rei Lear*, de Shakespeare, é o maior exemplo disso). De fato, essa visão do teatro vê o palco como um campo de batalha constante para forças maiores do que as pequenas infrações das normas comunais habituais ou de padrões de relações e expectativas humanas, para além das reviravoltas e incidentes reais de ação e suas resoluções. O palco é criado para o propósito daquela presença comunal que o define (e esse é o conceito fundamental e definidor: que o palco é produzido por uma presença comunitária); assim, para esse propósito, o palco torna-se o ambiente afetivo, racional e intuitivo da experiência comunitária total, histórica, formadora da raça, cosmogônica. Onde tal teatro é encontrado em sua forma mais pura, e não como metáforas recriadas para o palco trágico posterior, não encontraremos pontos cardeais, nem definições horizontais ou verticais. Não há espaços reservados aos protagonistas, pois seu próprio ato de representar o ser é definido, por sua vez, por nada menos que o cosmo infinito no qual a origem da comunidade e sua experiência contemporânea de ser estão firmemente integradas.

O TEATRO, no entanto, existe na atuação; no espaço improvisado entre bancas no mercado deserto ou fervilhante, na plataforma elevada de uma escola ou salão comunitário, nos recantos secretos de um santuário cercado de natureza, entre os sistemas mecanizados do moderno palco europeu ou seus equivalentes na África — aquelas monstruosidades elegantes erigidas para consagrar o espírito de prestígio mal concebido. É preciso buscar sempre a essência da peça entre esses telhados e espaços, não confiná-la ao texto impresso como uma entidade autônoma. Por essa razão, deduções a partir de peças que contaram com produções reais são mais instrutivas e, no restante deste capítulo, pretendo utilizar duas peças diferentes, mas representativas, que foram apresentadas tanto ao público europeu quanto ao africano. As respostas críticas são em si mesmas um indicador de atitudes dramáticas e, de modo ainda mais relevante, um reflexo daquelas visões de mundo que separam e afetam profundamente as relações entre arte e vida em diferentes culturas. Felizmente, um terreno comum a todos torna possíveis referências comparativas: o homem criativo está universalmente envolvido em uma sutil conspiração, um entendimento tácito de que ele, o observador não comissionado, relaciona os apuros da humanidade, seus desastres e alegrias, a algum quadro vago de verdades e realidades observáveis. As diferenças de atitudes serão encontradas nas categorias conferidas a realidades comuns a todos, a abrangência relativa da visão e as suposições que a mente criativa se sente tradicionalmente autorizada a fazer ou transformar em aceitações — a partir da força de sua arte — compelida pelo público mais relutante.

Nosso primeiro exemplo, *Song of a Goat*, uma peça de J. P. Clark,[3] tem a vantagem, para o presente exercício, de se enquadrar na categoria pura de tragédia conforme a definição europeia. Foi apresentada pela primeira vez na Europa em 1965, no Festival de Artes da Comunidade Britânica, em Londres; sua recepção não foi das melhores, por muito boas razões. Em primeiro lugar, a produção era fraca e amadora. Um grupo inexperiente atuando em um palco londrino pela primeira vez na vida descobriu que não conseguia equacionar as emoções da peça com as demandas técnicas do palco e do auditório. A encenação da peça não foi particularmente sensível, além de terem ocorrido os habituais imprevistos que parecem atormentar as produções amadoras em todos os lugares. Um bode bem vivo, outro erro prático, tendia a pontuar passagens que deveriam ser solenes com balidos, de um lado, e outra coisa, do outro. O texto em si (façamos todas as censuras críticas de uma vez), escrito em verso, revela um esforço autoconsciente para efeito poético, levando a um fraseado inflado e passagens que não fluíam. Para uma companhia que não se sentia totalmente à vontade na língua inglesa, as dificuldades pareciam intransponíveis. Para um público inglês, criou resistência e até mesmo hostilidade.

O drama se passa em uma aldeia de pescadores. Os personagens são de um povo ribeirinho do delta do Níger, Ijaw. Dois irmãos, Zifa e Tonye; Ebiere, esposa de Zifa, o irmão mais velho; e Orukorere, uma velha tia avoada dos dois irmãos, são os personagens centrais. A velha senhora faz um papel de Cassandra no desenrolar da tragédia, que está centrada na impotência sexual de Zifa.

A princípio, Zifa envia sua esposa para consultar o Massagista, um médico-vidente que diagnostica o verdadeiro problema sem dificuldade, reconhece que é o marido, e não a esposa, o verdadeiro paciente. Ele sugere que o irmão mais novo, Tonye, assuma os deveres conjugais do mais velho, ideia que é violentamente rejeitada por Zifa (que mais tarde o consulta), assim como Ebiere, indignada, também a recusa. Mas o inevitável acontece. Em uma das cenas mais críveis de frustração sexual progressiva, Ebiere incita o irmão a agir. Zifa suspeita, manipula a dupla culpada até um ritual de revelação — esse ritual se torna o momento culminante da peça — e tenta matar Tonye. Ele escapa, mas acaba se enforcando no sótão. Zifa se lança mar adentro, e sua casa é abandonada aos morcegos e bodes.

Mencionei algumas das razões técnicas pelas quais, ao contrário de plateias africanas perante as quais essa peça foi encenada, o público europeu se viu alheio à comunicação trágica. Uma outra razão foi expressa pelos críticos dos jornais; não teve nada a ver com os eventos fortuitos da apresentação teatral, antes optou por delimitar, em termos muito mais gerais, quais áreas da infelicidade humana podem conter potencial trágico. Isso sublinhou ainda outro aspecto das divergências essenciais da mentalidade europeia em relação à africana: de um lado aquela que vê a causa da angústia humana como viável apenas dentro de cápsulas estritamente temporais, de outro, aquela cujo entendimento trágico transcende as causas da disjunção individual e as reconhece como reflexos de uma desarmonia muito maior na psique comunitária. A objeção foi a seguinte: a impotência sexual era uma condição curável na medicina (ou psiquiatria) moderna. Além disso, a adoção de crianças proporcionava um remédio, entre outros, para a esterilidade; portanto, a impotência sexual e a esterilidade estavam fora do âmbito das dimensões trágicas, para um público europeu.

Havia algo familiar naquela queixa. Eu tinha ouvido isso alguns anos antes, depois de uma produção de *Espectros*, de Ibsen, em Londres. A sífilis, afirmavam um ou dois críticos, não era mais uma doença incurável. Consequentemente, a peça de Ibsen havia perdido qualquer lógica trágica que pudesse ter tido nos dias mercuriais da ciência venérea. Não pude deixar de relembrar essa tese crítica particular quando, em Sydney um ou dois anos depois, encontrei um poeta australiano que, com sua esposa alegremente fornecendo detalhes, gabava-se de ter pegado uma mutação completamente nova do vírus sifilítico que deixou desnorteada toda a classe médica australiana. Apelidado de "o Staphylococcus dourado", por causa de sua aparência ao microscópio, o vírus desenvolvera uma poderosa resistência a todos os antibióticos conhecidos. Pesquisas e consultas a laboratórios internacionais logo acabaram com o seu reinado, como fiquei aliviado em saber, mas não pude deixar de considerar, em voz alta, se *Espectros* não deveria ser rapidamente declarada a tragédia australiana definitiva dos anos 1960.

Nosso crítico teria encontrado consolo, todavia, até mesmo a confirmação de sua opinião, na atitude tranquila e alegre diante da aquisição de um bacilo novo e bastante ameaçador. Recorreria ao argumento de que a atmosfera social criada pela desmistificação das doenças e a remoção do fardo puritano do opróbrio que acompanhava as doenças "sociais" haviam se combinado para destruir a sentença genética que dava à tragédia de Ibsen sua dimensão do inescapável. E assim também O'Neill e seu teatro infestado pela tuberculose. Logo, atitudes que consideram a impotência sexual como causa insuficiente para uma comunicação em termos trágicos são resultados lógicos de mudanças sociológicas, um afrouxamento das atitudes tradicionais em relação à virilidade masculina, bem como a existência de oportunidades através das quais a constrição criativa na vítima pode ser canalizada. De fato, para resumir nos termos mais contemporâneos, o Movimento de Libertação das Mulheres e a tragédia da impotência sexual, ou mesmo a infidelidade, são mutuamente excludentes. *O Pai* está morto; vida longa a *A mulher eunuco*!

A questão sociopolítica da viabilidade de uma visão trágica no mundo contemporâneo tem absorvido escolas de visão social desde os confrontos preliminares da postura empírica contra as ortodoxias metafísicas (religiosas). Isso se cristalizou em, sugiro, duas atitudes principais. Uma, representada pela visão marxista do homem e da história, denuncia o insidioso enfraquecimento da vontade social pelo aflato trágico. A outra é a ação de retaguarda de arruinar defesas. Ela especula que houve um declínio da compreensão trágica (ou seja, da base referencial a partir da qual o homem é convincentemente projetado em confronto com forças além de sua compreensão remediadora). Partindo dessa base de desconfiança e de uma consciência correlata de que isso representa uma perda bastante desnecessária de território criativo, uma lista quase completa dos principais dramaturgos do século xx se sentiu compelida, vez ou outra, a pilhar e reapresentar a tragédia grega como contendo declarações de relevância até mesmo para os tempos pós-marxistas.

Entre os beneficiários literários da primeira atitude, o princípio de uma rejeição revolucionária do inefável, está o movimento do *nouveau roman* francês do final dos anos 1950 e início dos 1960 (Robbe-Grillet etc.), cujo manifesto preconiza a realização ficcional (observe a contradição) de superfícies objetivas. Tão enraizada em uma falácia profunda quanto a ontologia surrealista involuída à qual parece se opor, a teoria da nova ficção tanto cria um abismo entre o homem e seu ambiente físico quanto o declara intransponível. Somos confrontados, nessas visões aparentemente antagônicas, com duas faces da mesma tradição europeia: uma que assume e procura transcender um abismo entre o homem e a essência do ser, do pensamento, do sentir etc., entre o objeto e o estado puro de ser; e a outra que, pretendendo corrigir a busca antissocial de um reino intangível por essa e outras escolas de percepção do mundo, legisla um abismo entre o homem e a materialidade de seu ambiente e passa a empregar dispositivos conscientemente mecanicistas para ampliar o abismo não comprovado, puramente hipotético.

George Steiner observa, em seu diagnóstico do declínio na grandeza trágica da visão dramática europeia, uma relação entre esse declínio e o da "visão de mundo orgânica e de seu contexto de referência mitológica, simbólica e ritual".[4] A implicação disso, estranha para a visão de mundo africana, é que, para expandir a própria metáfora de Steiner, o mundo no qual o relâmpago era uma cornija na arquitetura cósmica do homem entrou em colapso no momento em que Benjamin Franklin captou sua energia com uma pipa. A sabedoria assimiladora da metafísica africana não reconhece nenhuma diferença em essência entre os meios em si de explorar o poder do relâmpago — seja pelo sacrifício ritual, pela vontade purgativa da comunidade, desencadeando sua justiça sobre o criminoso, ou através do dispositivo revolucionário de Franklin. O que George Steiner efetivamente resume é que, em algum estágio da hipótese intelectual, em alguma fase da exploração científica, a cada suposição do homem europeu sobre a natureza possível das coisas, essa unidade arquitetônica que é a base da consciência reguladora do homem (da qual a expressão mais personalizada é sua arte) sofre o mesmo destino de redundância que as próprias suposições e teorias. Para as culturas que não se limitam a falar da complexidade proteica do universo, da qual o homem em si é um reflexo, esse hábito europeu de redefinição do mundo parece ser um desperdício e ao mesmo tempo uma ruína para a verdade.

Devemos voltar à manifestação no palco, à expressão dramática que confronta o público com revelações humanas que fazem nascer a consciência de um jogo de forças que contradiz um mundo tecnologicamente remediável, sendo esse o desafio da intrusão trágica mais fácil de ser isolado. Torna-se necessário examinar a natureza do evento concreto que, quando espelhado com sucesso, desaloja a razão tecnológica com a qual o público saudável e bem ajustado é condicionado a evitar a penetração da "falácia patética".

E a descoberta — ou, mais precisamente, reconhecimento — mais significativa é que encontramos em tais peças um universo completo e hermético de forças ou do ser. Esse é o atributo mais fundamental de toda verdadeira tragédia, não importa onde se localize em termos geográficos. Em *Rei Lear*, por exemplo, o mundo da corte, o mundo do Old Man Frost* na desordenada comunidade de vento e urze, é redondo e inteiro. A relação de entidades aparentemente díspares como a Corte e a Natureza é estabelecida por meio da transição de personagens — Lear, Kent, Edgar e o Bobo — de um ambiente para o outro e vice-versa; em seguida, as filhas, cada vez mais megeras, em transformação quase física. A arquitetura espacial da peça é tal que o mundo especializado de comparsas, vilões, princípios de herança e protocolo cortês torna-se acessível e paralelo a qualquer mundo que o público habite, com suas próprias leis, normas e valores. O universo de *Hamlet* está embrulhado em um invólucro semelhante; assim como as habitações perturbadoras de John Synge, García Lorca, até mesmo Wedekind, em sua interioridade mais intransigente. O encapsulamento dessas esferas exclusivistas de existência dentro das quais toda a ação se desenrola parece ser o primeiro pré-requisito de todo drama profundo, e mais especificamente da tragédia. Sua coerência interna a torna impermeável ao acaso de tempo e espaço.

Relacionar *Song of a Goat* a esse teatro não significa exagerar nas reivindicações quanto a seus feitos efetivos. Continua sendo, no entanto, uma excelente premissa a partir da qual adentrar a matriz de consciência do mundo africano. A peça está contida dentro de uma completude microcósmica, como já descrito, com afinidades especialmente fortes — mais uma vez para facilitar a referência — com o mundo de Lorca. Peça

---

* Old Man Frost é a personificação do inverno na mitologia britânica. (N. T.)

de violência inquietante, seu motivo central, o desenho simbólico, pode ser descrito como de uma violência contida e poética. Encontramos seres humanos cujas ocupações e ambientes são elementares e viscerais. A enchente e a vazante afetam sua existência diária, sua linguagem, seu espectro de percepção. Névoas e pântanos colorem seus humores. Dentro dessa claustrofobia de metáforas ameaçadoras, a existência é econômica e intensa; sua expansão para uma consciência de forças imediatamente exteriores apenas reforça sua intensidade circunscrita de ser. A partir dessa relação fechada, um fio de violência potencial é traçado de maneira gradual, consistentemente elaborado por meio de metáforas dentro do diálogo da ação. Até que por fim somos conduzidos, ligados aos protagonistas, à imagem culminante que, para o principal sofredor, é também a imagem da revelação — um vaso sacrificial e a cabeça de carneiro dentro dele, uma força precariamente contida, mal e mal refreada, mal e mal retida. É paralela àquele núcleo de frustração sexual, àquele represamento da continuidade natural e de liberação benéfica pela oposição estéril combinada com orgulho individual, autoengano, um código de moralidade que pressupõe circunstâncias normais. A questão toda, entretanto, é que as circunstâncias são anormais, até mesmo não naturais. A interação do homem com a natureza, tão difundida na peça, exige uma reparação drástica dessas circunstâncias anormais, e é uma exigência que não pode ser deixada de lado pelo orgulho de um único homem. A contenção poética da violência é em grande parte a realidade ambiental de *Song of a Goat*. As tempestades não ocorrem todos os dias, nem os pescadores são arrastados para fora das canoas a cada saída para pescar. Mas as reivindicações desse ciclo natural dominam a consciência cotidiana dos nativos, dando aos rituais de apaziguamento uma essencialidade integrada para cada evento. Assim, a morte de um indivíduo não é vista como um incidente isolado na vida de um homem. Nem a fertilidade individual está separada da promessa regenerativa da terra e do mar. A doença de um indivíduo é um sinal, ou um anúncio, de doença do mundo ao seu redor. Algo aconteceu para perturbar os ritmos naturais e os equilíbrios cósmicos de toda a comunidade.

> Veja, outro golpe
> foi desferido a árvore de nossa casa, e veja
> Como a seiva se despeja para espalhar nossa morte.
> Acredito nisso, agora acredito nisso. Formigas brancas
> Passaram seu esterco em nosso telhado.
> Como uma árvore podre na chuva, ela
> Tomba. Que totem sobrou agora
> Para que a tribo se agarre em busca de apoio![5]

Passagens como essa, exibindo poucos dos lapsos de linguagem que mancham uma boa parte da peça, transmitem uma conjunção inconsciente dos mundos circuncêntricos do homem, da comunidade social e da natureza na mente de cada personagem, independentemente do papel. E um elemento importante, até mesmo vital, na composição da interioridade elaborada de tal mundo é, naturalmente, sua ordem moral. Isso não deve ser entendido em nenhum sentido restrito do código de ética que a sociedade desenvolve para regular a conduta de seus membros. Uma quebra da ordem moral implica, na visão de mundo africana, uma ruptura no corpo da natureza, assim como o mau funcionamento físico de um homem. E a literatura desse ponto de vista não se encontra nas digressões ruminativas ou nos debates entre os grandes, mas na metáfora da existência nas circunstâncias mais mundanas ou mais exaltadas. Descobrimos, voltando à peça de J. P. Clark, que a desordem moral não é apenas uma questão de dormir com a esposa de outro homem, em especial se esse homem for seu irmão. Esse é, obviamente, um ato antissocial e é reconhecido como tal. Não é nem desejável nem tolerado. Desvios da conduta harmoniosa como esse são tratados por processos estabelecidos que variam de sociedade para sociedade. Mas, esse ato antissocial pode ser, dependendo das circunstâncias, uma ameaça muito menos perigosa ao bem-estar comunitário do que, por exemplo, a autoilusão e o orgulho estéril de Zifa.

Onde a sociedade vive em estreita inter-relação com a Natureza, regula sua existência por fenômenos naturais dentro dos processos observáveis de continuidade — maré vazante e maré cheia, lua crescente e minguante, chuva e seca, plantio e colheita —, a ordem moral mais elevada é vista como aquilo que garante uma continuidade paralela das espécies. Devemos tentar entender isso como operando dentro de uma estrutura que pode ser convenientemente chamada de metafísica do irredutível: o conhecimento do nascimento e da morte como o ciclo humano; o vento como uma força de movimento, derrubada, limpeza, destruição e separação; a dualidade da faca, a serviço do derramamento de sangue mas também instrumento criativo; terra e sol como verdades que sustentam a vida, e assim por diante. Essas noções servem como matrizes dentro das quais os costumes, as relações pessoais e até mesmo a economia comunal são formulados e revisados. Outras ideias aceitas como "irredutíveis" podem evoluir a partir disso, por exemplo, as leis de hospitalidade ou o tabu do incesto, mas elas não possuem a mesma força e compulsão que a matriz fundamental. Elas pertencem a uma categoria secundária e podem ser contrariadas por acidente ou falha humana.

A experiência profunda do drama trágico é compreensível dentro de tal hermetismo irredutível. Devido ao entrelaçamento visceral de cada indivíduo com o destino de toda a comunidade, uma ruptura nesse funcionamento normal não só coloca em risco essa realidade compartilhada, mas também ameaça a própria existência.

No entanto, a visão de mundo africana não está estagnada, nem mesmo por implicação. Essa pode parecer uma afirmação surpreendente para aqueles que consideram que o tipo de sociedade que emergiu do que foi acima mencionado se encaixa de forma bastante perturbadora no projeto primitivo de Karl Popper para a sociedade totalitária moderna.[6] O conhecimento inconsistente de Popper sobre as sociedades que ele tenta inserir em seu círculo fechado, especialmente construído, foi, claro, comentado por vários de seus críticos. Seus pressupostos fundamentais são imprecisos. Eles ignoram o código no qual essa visão de mundo se baseia, a contínua evolução da sabedoria tribal através da aceitação da natureza flexível do conhecimento como sua única realidade, como significando não mais do que reflexos do devir original de uma realidade manifestamente complexa.[7] Estudiosos europeus sempre transpareceram uma tendência a aceitar o mito, a tradição, as técnicas sociais de transmissão de conhecimentos ou de estabilização da sociedade como evidência de rigidez ortodoxa. No entanto, o oposto, uma atitude de acomodação filosófica, é constantemente demonstrado nos atributos concedidos à maioria das deidades africanas, atributos que negam a existência de impurezas ou matéria "alheia" no sistema digestivo dos deuses. Experiências que, até ocorrerem, estão fora do conhecimento da tribo são absorvidas através da agência do deus, são convertidas em mais uma peça do arsenal social em sua luta pela existência e entram na tradição da tribo. Esse princípio cria para a sociedade um molde não doutrinário de consciência constante, que permanece fora da órbita monopolista do sacerdócio, fora de quaisquer reivindicações de segredos gnósticos por cultos especiais. A interpretação, como acontece universalmente, repousa sobretudo nas mãos de tais intermediários, mas raras vezes com a finalidade dogmática do cristianismo ou do islamismo.[8] A sua principal função é reforçar, por meio de observâncias, rituais e recitais mito-históricos, a consciência existente de enredamento cósmico na comunidade, e arbitrar a aplicação, por vezes difícil, de tais verdades aos empreendimentos domésticos e comunitários.

Um outro exemplo, uma feliz mistura de mito e história, penetra ainda mais na área da fome cosmogônica do homem, que o leva às formas mais profundas de arte como veículos de restauração de um sentido de origem perdido, ou de vínculos assertivos com este. Que a peça *Oba Koso* também seja uma tragédia não é proposital, mas é mais do que coincidência. A comédia também expressa uma visão de mundo, assim como o melodrama e os outros rótulos de conveniência que atribuímos ao drama. Mas, apesar de um Molière ou um

Ben Jonson, mesmo as comédias de tipos devem primeiro reduzir a humanidade ao círculo controlável das lentes do dramaturgo. A tragédia se atreve a ir além, sugerindo áreas de mistérios insondáveis em seu caminho. É possível experimentar ou penetrar no quadro de uma percepção do mundo a partir da tragédia. Infelizmente, as supostas tragédias que inundam a cena literária africana demonstram pouco desse entendimento. Suas pretensiosas reivindicações de atenção só se realizam na frustração momentânea pela incapacidade de se consultarem as peças impressas disponíveis ou de capturar no idioma literário aquela essência de alegoria ou drama simbólico que tanto consola o homem das limitações que o impedem de captar, intuitivamente, o cerne de mistérios que estão sempre se confundindo em sua consciência.

Oba Koso[9] atravessa o abismo modernista entre símbolo e ação expositiva e dialoga com a essência da poesia, uma unidade perfeita raramente encontrada no palco moderno africano. Escrita e encenada em iorubá, a peça nos oferece uma referência singularmente oportuna, visto que tem desfrutado de uma variedade de públicos linguísticos em todo o mundo — alemão, inglês, iídiche, russo, polonês, francês etc. — e em nenhum lugar deixou de provocar aquela catarse comunal profunda que é um dos fins reconhecidos da ação trágica. Ela constitui uma instância viva das raízes universais do pulso trágico e da natureza transcendental da *poesia* sobre o meio de transmissão, linguagem, música ou movimento. É preciso falar novamente da evocação preliminar de um mundo hermético, autônomo, demonstravelmente coeso, neutro em relação aos costumes e valores exteriores, uma evocação rica e persuasiva alcançada através da feliz pluralidade do meio dramático, um assalto estilístico e sensual tanto aos íntimos dessa cultura quanto aos de fora dela. Um código de significados é estabelecido por meio de ritmo, movimento e harmonias específicas de tonalidades que criam instantaneamente seu próprio território de realidade. O iniciado sabe que até a parafernália dos protagonistas é dotada de significados importantes, sociais e mito-referenciais. O outsider sente isso com a mesma certeza e, embora seja inevitável que perca algo da especificidade, é capaz de criar com facilidade uma escala paralela de referências, uma vez que vê tudo isso na estrutura do movimento e do conflito estilizado, tudo obedecendo a um ritmo de relações finamente regulado. Ele não pode apreciar, sobretudo se não tiver um bom ouvido e for cronicamente arrítmico, que tanto o ritmo quanto o timbre também são específicos e convincentes, mas sua inteligência e sensibilidade respondem ao fato de ser um participante dentro de uma matriz integrada de forças culturais, de que o trágico desdobramento do reinado de Obá Xangô não é apenas um episódio interessante nos anais da história de um povo, mas a consolidação espiritual da raça através da imersão na poesia da origem.

Na medida em que é história, a peça diz respeito às maquinações de um tirano, Xangô, que visa imobilizar um ou os dois senhores da guerra cada vez mais poderosos em seu reino. Ele emprega o truque clássico de despachá-los para manter a ordem nas fronteiras do reino, confiante de que seus egos semelhantes os levarão a um conflito fatal entre si. Como é de costume nesses casos, os próprios conselheiros e súditos de Xangô o impeliram a esse plano de ação. O ardil falha, porém: os dois guerreiros se enfrentam e lutam, mas o vencedor poupa o vencido. Eles se tornam cada vez mais poderosos individualmente. Mais uma vez, por insistência de seu povo, Xangô os convoca e organiza outro duelo. Dessa vez, o vencedor — o mesmo de antes, Gbonka — mata o oponente, depois se volta contra o rei e exige o trono. Os súditos aterrorizados agora agem conforme o esperado e começam a abandonar seu rei. Em fúria diante dessa traição, o rei se volta contra eles e massacra alguns. Mas a abominação (e a traição) o leva para fora da cidade e, em desespero, ele se enforca. Ou melhor, ele não se enforca. Pois o pós-escrito da peça é sua apoteose e o título da peça, *Oba Koso*, significa "O rei não se enforcou". Desgostoso com a inconstância humana, declara a história, Xangô ascendeu aos céus e juntou-se às outras divindades do panteão iorubá.

Aqui está uma amostra da canção de louvor a Xangô; ela celebra seu poder destemperado e sua ferocidade:

> *Você acha que o verme está dançando, mas*
> *Essa é apenas a maneira como ele anda*
> *Você acha que Xangô está lutando com você, mas*
> *É apenas assim que ele é.*

> *Ele janta inhame pilado com o chefe da família*
> *Em seguida, agarra seu primogênito no alpendre*
> *E o mata*
> *Ele racha a parede, divide a parede*
> *Ele a deixa bem aberta e*
> *Atulha duzentas pedras de trovão na fenda*

Mas também abundam as passagens beatíficas de lirismo, preparando o caminho para um restauro pós-climático para a raça. O conflito, estilizado, drena as energias malignas do excesso. Os princípios autodestrutivos encarnados, por exemplo, na canção de louvor acima, são purgados da comunidade por meio do protagonista sofredor. Dramas trágicos dessa natureza (e a poesia trágica) operam através do princípio homeopático, e não deveria causar surpresa encontrarmos a expressão "canto de louvor" aplicada a tal selvageria desenfreada, ou descobrirmos na performance que os versos são cantados com um envolvimento acrítico, adulatório e alegre. Tais passagens e suas contrapartes são essenciais para um senso de saúde realista na comunidade; elas incorporam, também deve ser lembrado, os aspectos evocatórios dos mistérios da natureza e da origem da raça. A invocação da munificência da natureza não é uma operação passiva nem pode ser efetuada por mera prática mecânica pietista. A força da comunidade, a sua vontade insistente, está escrita na poesia dessa tragédia. Se o protagonista é seu representante simbólico através do abismo da origem (racial, mas também individual), nenhuma seletividade moral simplista é capaz de decidir que energias podem ser conjuradas da natureza para ajudar o emissário. Xangô desafia o abismo simbólico da transição em nome de seu povo; os recursos que ele invoca para sua passagem de terror devem ser ao mesmo tempo bons e maus. Seu excesso trágico e sua fraqueza satisfazem a demanda cíclica de energias e resiliência córicas (comunais) e provocam a reposição destas. É uma tensão eterna que é sustentada pelo desafio e pela resposta, tão completa e, se necessário, tão "amoral" que o protagonista é visto como um reflexo dessa força comunal em toda a sua natureza maculada.

Esse sentido de origem, o devir da raça, domina o drama. Assim, Timi, um dos generais manipulados, chega pela primeira vez ao seu novo povoado — mais um paradigma de origem que a poesia insinua na ação. Um completo estranho, isolado e apreensivo, ele invoca a ajuda universal através de sua canção:

Eu venho este dia à cidade de Edé
É o vento suave que diz, sopre na minha direção
Espíritos de cupins em turbilhão dizem, enxameiem em minha direção
O Ar é o Pai do Orvalho
O Orvalho é o Pai dos Aguaceiros
Os Aguaceiros são o Pai do Oceano
O Oceano é o Pai da Terra há muito pisada.

Seu apelo, dirigido principalmente aos habitantes ainda invisíveis de Edé, é ampliado para despertar o mundo animal, espiritual e todas as forças da natureza, ligando-os a ele através da memória empática de sua própria origem. A força de aceitação resultante que ele deve obter de uma resposta favorável é um eco da benesse similar obtida pelos habitantes existentes; é também uma renovação para eles. Sua oração foi uma vez a oração de apaziguamento às forças invisíveis na primeira invasão do solo outrora virgem. A resposta do coro invisível, no qual todos os habitantes desse mundo não demarcado estão agora simbolicamente fundidos, é, portanto, experimentada em termos emocionais como uma reencenação de seu próprio nascimento e origem. As tribulações de vaguear e se estabelecer, de desenraizamento e deslocamento, unem-se a essa representação da solidão e alienação humana, sensações que se encontram na raiz emocional da tragédia. A canção de Timi é uma convocação ao homem e à natureza para a ajuda corretiva da aceitação, e a chave para desbloquear essa fonte de força é a evocação mitopoética da passagem da raça.

> Eu venho este dia para a cidade de Edé
> É o vento suave que diz, sopre na minha direção
> Espíritos de cupins em turbilhão dizem, enxameiem em minha direção
> Duzentas vigas sustentam a casa
> Duzentos lagartos sustentam a parede
> Que todas as mãos se levantem para me sustentar [...]

Como na passagem anterior, o fio constante é — a continuidade. A luta de Timi é apresentada como inseparável da evidência da Natureza em seu aspecto mais doméstico. Ela se funde com o universo maior de vento, chuva e oceano, crescimento e regeneração, uma fé e afirmação humanistas que são a outra face da perda trágica. Assim, até mesmo esse personagem menor é — não menos que Gbonka, não menos que o compacto córico, não menos que o próprio Xangô — protagonista da continuidade, contornando a borda daquele coração de mistérios cósmicos no qual seu líder Xangô mergulhará em breve.

Situado nos momentos pungentes do devir da raça, o terreno, no entanto, tornou-se familiar e pertinente até mesmo para o participante estranho a esses trágicos ritos de origem. Isso ocorre porque *Oba Koso* afirma com segurança suas próprias leis de interioridade coesa. A peça se expande depois, através dos acentos jubilosos da poesia e da paixão, para uma recuperação da consciência ampliada do ser, universal e individual.

3. Ideologia e a visão social (1): O fator religioso

QUESTIONADO RECENTEMENTE SE aceitava ou não a necessidade de uma ideologia literária, eu me vi previsivelmente examinando o problema de dentro para fora, ou seja, a partir da consciência do artista no processo de criação. Era uma pergunta familiar, que sempre reaparece com múltiplas roupagens. Minha resposta foi: uma visão social, sim, mas não uma ideologia literária. Em geral, a pergunta reflete a preocupação que não é nem do escritor tradicional nem do contemporâneo na sociedade africana, mas do analista após o evento, o crítico. Um exame das obras da maioria dos escritores contemporâneos confirma isso. No entanto, seria igualmente falso sugerir que a literatura africana contemporânea não é formulada de maneira consciente em torno de certas estruturas de intenções ideológicas. O problema é em parte de terminologia e das associações da história literária, em sua maioria europeias. O perigo que uma ideologia literária representa é o ato de consagração — e, evidente, de excomunhão. Graças à tendência da mentalidade consumista moderna de facilitar a digestão, colocando em categorias estritas o que são operações essencialmente fluidas da mente criativa sobre fenômenos sociais e naturais, a formulação de uma ideologia literária tende a se cristalizar, mais cedo ou mais tarde, em cápsulas instantâneas que, administradas também ao escritor, podem terminar sufocando o processo criativo. Essa metodologia de avaliação não permite uma análise não prejudicial da própria cápsula, ao menos não pela literatura que a criou ou que ela criou posteriormente. A investigação, se houver alguma, é uma atividade incestuosa por si só, pelo menos até a fabricação de um conceito rival. É fácil perceber que esse processo só pode evoluir para aquela endogamia que oferece pouco esclarecimento objetivo sobre sua natureza, uma vez que seu idioma e seus conceitos não estão livres da própria ideologia. Quando a ideologia reinante por fim falha em reter sua falsa adequação abrangente, ela é descartada. Um novo conjunto, um molde inviolável, é fabricado para conter o atual corpo da literatura ou para estimular os próximos padrões predeterminados.

Pode parecer que há exemplos contrários para invalidar a sugestão de que as ideologias literárias são de fato a formulação consciente do crítico, não do artista. Mas essa contradição só existe quando tomamos como nosso quadro de referência — o que infelizmente ainda parece a coisa automática a se fazer — a experiência literária europeia. A ideia da literatura como uma existência objetiva em si mesma é uma ideia muito europeia, e as ideologias são, em grande parte, sistemas de pensamento ou metas especulativas consideradas desejáveis para a saúde das instituições existentes (sociedade, ecologia, vida econômica etc.) que são, ou têm de ser, consideradas como fins em si. Consideremos o movimento surrealista francês: mesmo enquanto diziam atender às reivindicações da literatura como expressão de um fim (a infinidade da experiência humana), os surrealistas trabalharam, com sua concentração obsessiva, na ontologia de um meio criativo (no seu caso, a literatura) para separar o meio como um fenômeno autógeno, isolando-o assim do fenômeno humano que deveria supostamente refletir, ou em nome do qual deveria supostamente especular. Talvez isso tenha surgido do ato de tomar muito literalmente a anunciação do Evangelho — "No princípio era o *Verbo*". Reivindicações semelhantes de existência objetiva do meio são explicitadas de forma ainda mais aberta em outras artes, em especial na pintura. Visto que não temos experiência de tais distorções de relações objetivas na sociedade africana, é razoável afirmar que uma ideologia literária tradicionalmente tem pouco a ver com o processo real de criação dessa literatura. Nos tempos contemporâneos, houve uma exceção importante a esse padrão, além de esforços menores relacionados que periodicamente tentam direcionar a escrita africana sob um decreto de poética de assimilação instantânea.

Algumas ideologias literárias assumem formas alucinatórias particulares. Samuel Beckett, por exemplo, tateia incessantemente em direção à afirmação teatral que pode ser feita em uma palavra, um parentesco não muito distante das obsessões quiméricas dos surrealistas. Se deixarmos o extremismo da Declaração Unilateral de Independência literária, no entanto, descobrimos que, apesar de sua tendência para o esquematismo estreito, uma ideologia literária ocasionalmente alcança a coincidência — e, assim, uma expansão de valor — com uma visão social. A partir da mera transformação da mecânica da criatividade em um domínio autorregulado intencional, independentemente do peso da afirmação, ela eleva sua visão para um objetivo social regenerativo que faz exigências contínuas sobre a natureza daquele meio ideológico e evita sua estagnação presunçosa. A ideologia do teatro e da literatura dramática de Brecht é o exemplo mais bem-sucedido. Um exemplo não tão bem-sucedido foi o movimento francês do *nouveau roman* dos anos 1950, que rejeitou a linguagem metafórica em favor de uma dicção nua da realidade objetiva, o que foi para seus praticantes uma ajuda necessária no condicionamento de uma consciência social. Infelizmente, a energia e a paixão da revolução social parecem perversamente dilapidar os recursos metafóricos da linguagem a fim de marcar sua mensagem mais fundo no coração da humanidade; os produtos desse movimento agora pertencem em grande parte ao museu literário. No entanto, tal movimento estava muito longe das preocupações puramente estilísticas e intelectuais de seu precursor distante, o Iluminismo europeu do século XVIII, cuja ideologia a respeito da literatura praticamente redefiniu a poesia e o drama trágico a partir da existência imaginativa. Na África, a Negritude continua sendo a única postulante a essa coincidência frutífera. O conceito de uma direção sociorracial governou toda uma ideologia literária e lhe deu sua escolha de modo de expressão e ênfase temática. Tanto para africanos no continente-mãe quanto para as sociedades negras da diáspora, a Negritude não apenas proporcionou uma corda de segurança que permitiria ao indivíduo dissociado ser puxado de volta à fonte de sua essência matricial, mas também ofereceu uma perspectiva para o devir de novas entidades sociais negras. No processo, ela se enredou desnecessariamente em definições contraditórias negativas. Trataremos mais detalhadamente do fenômeno da Negritude em nosso encontro com o desenvolvimento de uma visão social secular.

Eu já disse que não se deve entender tudo isso como a afirmação de que a literatura contemporânea na África não está guiada conscientemente por conceitos de natureza ideológica. Todavia o escritor está muito mais preocupado com a projeção visionária da sociedade do que com projeções especulativas da natureza da literatura ou de qualquer outro meio de expressão. A ontologia do idioma é subserviente ao peso de suas preocupações; no entanto, não há registro de períodos de atrofia literária total em sociedades que ostentam uma tradição literária reconhecível. Isso porque, na realidade, o cordão umbilical entre a experiência e a forma nunca foi cortado, por mais esticado que estivesse. Mas o reflexo da experiência é apenas uma das funções da literatura; há também sua extensão. E quando essa experiência é social nos movemos para áreas de projeções ideológicas, a visão social. É essa última forma de literatura que mais promete o fortalecimento do vínculo entre experiência e meio, pois impede a consolidação do habitual, a petrificação da função imaginativa por aquela realidade passada ou presente sobre a qual ela reflete. A literatura de visão social não é a expressão perfeita para essa dimensão da escrita criativa, mas servirá no momento, por falta de uma melhor. *Le Devoir de violence*, de Yambo Ouologuem, é um exemplo paradoxal de tal literatura; é introduzido propositadamente nesta fase, a fim de cristalizar com seu exemplo a função mais importante do gênero, o descongelamento da função imaginativa pela realidade passada ou presente, mesmo no processo de refletir sobre elas. As reivindicações de uma ideologia literária estão relacionadas, mas os efeitos práticos sobre o processo criativo levam à previsibilidade, à restrição imaginativa e a excisões temáticas.

Será necessário também suspender nossos preconceitos habituais em nossa abordagem dessa literatura. A expressão "visão social" é escolhida como uma delimitação conveniente para certos tipos de literatura a serem discutidos, não como um conceito elevado do tipo. "Visão" é uma palavra que tem fortes conotações de elevação e profundidade, e isso tende a se transferir para a literatura que a reivindica. É evidente que esse não é necessariamente o caso. Uma novela como *A Walk in the Night*, de Alex la Guma,[1] não faz nenhuma reivindicação social visionária, mas se restringe a uma delineação quase obsessiva da realidade física particularizada da existência em um gueto sul-africano. Contudo, sua afirmação total tanto sobre a realidade dessa situação quanto sobre a capacidade regressiva inata do homem em uma condição social desumanizada proporciona uma visão da humanidade mais profunda e perturbadora do que encontramos na piedade visionária de seu compatriota Alan Paton, ou na visão multirracial de Peter Abrahams. Uma exigência que fiz certa vez em um artigo, de que o escritor em nossa sociedade africana moderna precisa ser um visionário em seu próprio tempo, tem sido, a meu ver, muitas vezes interpretada como uma declaração de que essa é a função mais elevada possível para o escritor africano contemporâneo. O mal-entendido tem a ver com o status elevado que a mente europeia tende a dar a obras de uma persuasão mística ou visionária — observe-se a forma como as excêntricas excursões de W. B. Yeats a um mundo imaginário particular são objeto de exegeses reverentes! Note-se que, em uma cultura na qual o místico e o visionário são meramente áreas da realidade como quaisquer outras, o uso de tais expressões não conota uma percepção mais elevada da faculdade imaginativa.

Uma preocupação criativa que conceitua ou expande a existência para além do puramente narrativo, fazendo-a revelar realidades além do imediatamente alcançável; uma preocupação que perturba as aceitações ortodoxas em um esforço para libertar a sociedade de superstições históricas ou outras — essas são qualidades possuídas pela literatura de uma visão social. A escrita revolucionária é geralmente desse tipo, embora outra questão seja se grande parte da escrita que aspira a esse rótulo é, ou não, sempre literatura. *Os pedaços de madeira de Deus*, de Sembène Ousmane, não deixa dúvidas sobre suas qualidades literárias e combina fervor revolucionário com uma visão distintamente humanista. O impulso intelectual e imaginativo em direção a um reexame das proposições segundo as quais o homem, a natureza e a sociedade são postulados ou interpretados em qualquer momento da história; o esforço para expandir tais proposições, ou para contestá-las e substituí-las por outras mais em sintonia com a própria disposição idealista do escritor ou seu gênio pragmático e resolutivo: esse impulso e seu papel integrador na ordenação da experiência e dos acontecimentos resultam em uma obra de visão social. Uma ideologia literária e uma visão social podem se encontrar em modos particulares de expressão criativa — encontram-se, certamente, na literatura da Negritude, no teatro épico de Brecht e (com as reservas habituais) na literatura dramática do Expressionismo europeu. (A natureza amorfa, até mesmo contraditória e indisciplinada de alguns produtos do casamento consciente de ideologia e forma pode ser vista neste último exemplo. Poucos analistas desse fermento expressionista discordarão de Gorelik, que disse: "O que exatamente o Expressionismo significava era bastante intrigante para os críticos na época e, de fato, não está totalmente claro até hoje".) Com essa convergência produtiva ocasional de uma ideologia literária e uma visão social em mente, é possível alegar que a falta de artifícios estilísticos excessivos na literatura africana moderna se deve à recusa do artista em responder às lisonjas da arte literária como manifesto ideológico.

Muito da escrita africana ainda está enraizado no conceito de literatura como parte da atividade social normal do homem, mas uma atividade que é individual em sua expressão e escolha de áreas de interesse. Essa escrita que reivindica para si, sutil ou estridentemente, o famoso território do poeta — legisladores não reconhecidos da humanidade —, com ou sem a poesia ou a percepção poética, é sempre socialmente significativa. Pois ela dá pistas sobre o condicionamento mental pela história anterior ou cultura colonial; ou, ao contrário, mostra a vontade de se libertar de tais íncubos em sua projeção de uma sociedade futura. A literatura que se dedica a essa área é uma revelação tanto da sensibilidade individual dos escritores quanto dos antecedentes tradicionais e coloniais da realidade contemporânea da África.

É MELHOR COMEÇAR com os casos menos memoráveis. Um dos primeiros romances dos anos 1960, *The African*, foi escrito por um gambiano, William Conton. Simplisticamente autobiográfico (no desenvolvimento, não nos eventos dramáticos reais), conta a história de um estudante africano na Grã-Bretanha que conhece e se apaixona por uma garota sul-africana branca. O amor é correspondido — o porquê, é difícil dizer, já que nosso herói Kamara é um arrogante incrivelmente chato, que não cansa de se humilhar, e o que um afro-americano chamaria de um *"self-excusing nigger"*, um preto que está sempre se justificando. Supostos lampejos de indignação emergem, afetados ou lacrimosos, expressos em uma linguagem de decoro, que nosso herói concebe como tiradas cultas. Tal linguagem é apresentada sem crítica aparente; não há intenção irônica quando o herói profere essa caricatura de conversa de salão europeu. Assim, depois de ter sido devidamente insultado com a palavra *"nigger"*, atirada a ele pelo noivo da moça, outro sul-africano branco, suas reações emergem como se segue:

> A palavra *"nigger"* é profundamente ofensiva para todos os africanos que a conhecem. Nada nos privará de nossa autocontenção tão depressa quanto o uso dela, seja por um adulto ou, como muitas vezes acontece, por uma criança inglesa sem bons modos. Senti minha paciência se esgotar rapidamente. Só havia uma coisa a ser feita, e sem demora.
> "Tenho respeito suficiente pela presença de uma senhora entre nós para não colocar *você* em seu verdadeiro lugar com meus punhos, sr. Hertog. Você me insultou profunda e deliberadamente, sem a menor provocação de minha parte, e antes mesmo de sermos apresentados. Estou, asseguro-lhe, muito feliz por me despedir de uma pessoa de má-criação."[2]

Tendo feito sem demora o que precisava ser feito, o *preux chevalier*, galante cavaleiro, negro principia sua retirada. Talvez o autor, sentindo ter exposto o leitor ao máximo que ele poderia suportar, tenha decidido dar a ele um respiro; mas Kamara ainda não havia terminado. A única concessão do autor a esse abuso acrítico de linguagem vem em uma autoironia branda e indulgente: "Virei-me para ir; então descobri que tinha gostado muito de dizer tudo isso e não pude resistir à tentação de praticar um pouco mais a minha retórica inglesa".[3] Após lançar um desafio que, evidente, é ignorado de forma desdenhosa, Kamara termina com um gracejo pateticamente débil e se despede sentindo-se, como declara, "inexplicavelmente exultante".

O exemplo é suficiente para mostrar que William Conton recriou o covarde colonial e tentou fazê-lo passar por nobre e digno. Não é surpreendente, mas ainda assim alarmante, que o autor devolva esse mesmo personagem a seu país, o transforme em um herói da luta pela independência e faça dele a primeira pessoa a ocupar o cargo de primeiro-ministro de sua nação. Poderíamos dizer, talvez, que a obra de William Conton continha um aviso profético sobre a natureza da primeira safra de líderes pós-independência da África, exceto, é claro, pelo fato de que o retrato parece ser mais uma oração esperançosa do que um alerta profético.

Antes do retorno triunfante de Kamara, no entanto, uma tragédia marca sua vida para sempre. Hertog, o noivo ultrajado, atropela deliberadamente os amantes com seu carro, mata a garota e fere o herói. Deitado em seu leito de hospital, Kamara formula um voto de vingança. Ele volta para casa primeiro e se revela um grande patriota, nacionalista e tradicionalista; isto é, ele abandona os costumes "cristãos" e recorre a seus pais para escolher uma noiva para si. Ele vira as costas para a ética aquisitiva que corroeu o tecido de seu povo, a corrupção material e cultural trazida pela incursão das ideias ocidentais, trivialidades e vulgaridades de Hollywood. Em seus discursos de campanha, ele ataca o monopólio capitalista colonial e exige uma rápida independência. Redescobre seu próprio povo, sua própria herança, passa por um renascimento, por assim dizer, e começa a usar roupas tradicionais. Sua visão política adota a criação dos Estados Unidos da África. Ele tem todas as reações adequadas ao apartheid; sua repulsa ao ver as fotos de africanos brutalizados pela polícia é violenta e apaixonada; não temos dúvidas de que comeria vivo qualquer africano branco defensor do apartheid se tivesse a chance.

Ele logo oferece a si mesmo essa oportunidade. Afinal, após uma série de preparações bastante surpreendentes, até mesmo quixotescas, considerando o fato de que ele é o primeiro-ministro e poderia ter facilitado muito as coisas para si mesmo, ele parte incógnito para a África do Sul em sua odisseia de vingança. Apesar de ter tido duas esposas amorosas e leais, apesar de sua política visionária e das responsabilidades do governo, apesar do passar dos anos, ele não se esqueceu de seu juramento original e sai em busca do assassino de sua amada. Faz sua jornada com sucesso. Localiza o inimigo e finalmente o tem à sua mercê, bêbado e incapacitado. Mas, "quando os primeiros tambores começaram a enviar sua mensagem palpitante pela noite, foi pena por ele que eu encontrei em meu coração, e não ódio. Logo parei, levantei-o com suavidade e o carreguei pela chuva fraca até a segurança de sua casa".[4]

É difícil resistir a uma contracena — nosso herói é parado por um policial branco que indaga o que está fazendo com um corpo branco em seus braços africanos negros. As lições seriam bem-merecidas. Como uma história de aventura essa obra seria perdoável, mas *The African* aspira a mais do que isso, mais do que a narrativa e as realidades; o romance aspira a uma afirmação humanística sumária sobre as linhas do perdão e da reconciliação. O próprio título indica que o autor está promovendo um representante desejado da Personalidade Africana, um porta-voz instruído, moldado através da identificação com objetivos políticos e culturais louváveis. Sua visão de um Estados Unidos da África, de uma estrutura social igualitária ao estilo do Império Songai, purificada de toda corrupção e ganância, é, no entanto, engolida pelo que pode ser resumido como uma peça bastante óbvia de propaganda da ideologia cristã — oferece a outra face; perdoa teus inimigos; retribui o mal com o bem etc. Presumivelmente, essas são as linhas éticas nas quais se baseará uma pretendida regeneração da sociedade. Pela agência do épico transcontinental, simbolizando em uma pessoa tudo o que é nobre, puro e autenticamente africano (incluindo talvez o pendor islâmico do herói?), se nos oferece uma visão de um continente cujas contradições assassinas serão resolvidas por meio de uma generosidade de mentalidade cristã.

O DRAMA NOS OFERECE outro exemplo desse anseio por uma ética salvacionista cristã — a variedade do amor. A peça é

Rhythms of Violence,⁵ escrita, por estranho que pareça, por um sul-africano, Lewis Nkosi. Trata-se do sonho de um conspirador revolucionário doente de amor, cuja paixão por uma garota branca atrai o desastre para seu grupo. A mensagem parece ser que uma sociedade multirracial é o objetivo ideal para a África do Sul (o que ninguém nega), e na peça nos é dado um exemplo improvisado dessa possibilidade idílica. O princípio não é original nem banal, nem utópico nem pessimista. Mas toda a projeção do futuro de Nkosi colapsa ante a natureza dessa prova, uma prova autoimoladora que os deserdados da sociedade parecem ser obrigados a fornecer para justificar seu merecimento de tomar parte na realização da visão. Ou talvez (tudo depende de como se interpretam os objetivos de Lewis Nkosi) seja o próprio ato de trazer tal visão à realidade que é apresentado como dependente do autossacrifício perpétuo dos oprimidos. "E daquele que nada tem, mesmo o pouco que tem...", Nkosi parece ansioso para assegurar ao seu público a capacidade ilimitada do humanismo negro. Mas esse exemplo deve menos ao fenômeno de começar a acreditar nos próprios mitos — como na variante à la Negritude de William Conton — do que a uma alienação total da realidade e a uma incompreensão da natureza e das exigências da verdadeira tragédia. "Faça amor, não faça guerra..." *Flower Power* é uma noção reformista que, além de pressupor a existência de parques e jardins, também presume um conhecimento rudimentar da oposição armada do simbolismo das flores. Não há flores no gueto sul-africano, e a espécie de desumanidade do apartheid vê as flores apenas como um reflexo de sua própria civilização. Enfiar uma rosa no cano de uma arma empunhada por um soldado da Guarda

Nacional diante da Casa Branca é uma coisa; transferir essa cultura revolucionária mimada para o ambiente completamente árido do apartheid e esperar que ela não só floresça nos porões secretos do liberalismo mas possa realmente desarmar a bomba-relógio do apartheid é uma peça de propaganda altamente perigosa. O otimismo do amor na obra de Nkosi é enxertado; o idioma da tragédia do encontro liberal é artificial e insustentável.

E como suposta tragédia a peça nem mesmo tenta criar um meio hermético crível dentro do qual o indivíduo encurralado possa ser observado em seu dilema. É negada a nós uma dialética da situação social, a metáfora do ilógico que constitui a sua lógica, os símbolos da desumanidade que configuram a sua humanidade, o cortejo de inverdades que legislam as verdades da sociedade. A questão não é se, como africanos ou pretensos revolucionários, sentimos repugnância da pieguice de um dilema que assim se apresenta. O problema é essencialmente a falta de substância do "herói trágico" e o nível imaturo do diálogo que leva adiante a ação dramática. A idade dos personagens — e essa é em grande parte uma reunião de adolescentes — não precisa impedir a profundidade necessária de linguagem ou de sentimentos. A sensível autoprojeção de Wedekind na autodescoberta juvenil, a absorção de seus personagens colegiais em um mundo privado e internamente congruente, criou em *O despertar da primavera* uma pungente tragédia da adolescência. O mundo de Nkosi não é de descoberta nem de sacrifício; não é tampouco (embora esses sejam seus objetivos implícitos) o mundo do amor, nem o da revolução. O solo em que ele procura plantar a semente da tragédia é o mero pó de eventos circunstanciais.

Há um alerta em tudo isso para o pretenso visionário social. Não é necessário ir tão longe a ponto de aceitar o princípio de Trótski de que toda literatura escrita em uma situação de confronto revolucionário não pode deixar de estar imbuída do espírito do ódio social.[6] É lógico, no entanto, esperar que toda literatura que se propõe a descrever as realidades de tal situação deve refletir esse ódio social nos componentes da resolução. Há, inquestionavelmente, áreas de consciência contrastante, mesmo nos momentos mais intensos de convulsão social, e o espírito humano não é empobrecido por refletir com fidelidade essas áreas tão especiais e quiescentes. Mas a escrita dirigida ao produto de uma matriz social deve esperar permanecer dentro dela, e resolver os conflitos que pertencem a esse meio pelas interações lógicas de seus componentes; não se pode ficar fora disso tudo e impor uma resolução pietista extraída de alguma região rara da alma não contaminada do artista. Parafraseando Trótski, não podemos arrancar do futuro o que só pode se desenvolver como parte inseparável dele e materializar apressadamente essa antecipação parcial na sujeira do presente e diante dos frios holofotes. Fazer isso não é ser um visionário e sim ter uma visão fantasiosa.

Minha resposta a essas amostras da literatura de reconciliação não deve ser interpretada como uma abordagem cínica do próprio princípio. Richard Rive é outro sul-africano, e sua peça *Make Like Slaves*[7] é um feliz exemplo de uma expressão criativa confiável do desejo por uma resolução humana segundo as linhas da reconciliação. Mas a resolução de Richard Rive exige um entendimento recíproco e inteligente entre as partes em conflito. A peça oferece uma dissecação mordaz de uma categoria especializada da mesma situação racial e revela, de forma mais sutil e eficaz, algum fio de esperança para o rompimento das barreiras raciais. Rive faz isso pelo paradoxo de confrontar a realidade, e ao final é possível supor que ele sugere a impossibilidade de resolução. Mas a integridade de seu tratamento é evidenciada por ele inscrever sobre esse fracasso o fato das deficiências individuais. Ficamos com a sensação de que, se houvesse uma mulher branca mais sensível ou um homem de cor menos cáustico (e cheio de culpa), se houvesse tempo para a continuação de um processo que começou na peça — o processo de autoexame e a recuperação da capacidade de ver os indivíduos em vez dos grupos —, uma pequena parte da batalha seria vencida. A força da escrita de Richard Rive é que ele não exagera o ritmo desse processo, nem sugere em lugar algum que, se um evento externo negativo fosse interposto nesse processo evolutivo, ele não iria, pelo menos durante o período desse evento, interromper ou distorcer o ritmo do desenvolvimento positivo. E mesmo essa consciência, pairando em segundo plano, sua piedade, dá mais valor aos ganhos que foram obtidos.

Um nível semelhante de consciência, de precaução sem concessão, é expresso em um poema incomum de Denis Brutus, incomum por ser diferente de sua usual denúncia da situação racial. O poema opera a partir da perspectiva pessimista do potencial de culpa comum da humanidade, contornando com sucesso o precipício de uma possível traição à própria causa. A humanidade comum — esse aspecto negativo — que ele expressa não é vista como uma probabilidade distante, mas como uma realidade existente e incômoda. Um momento de cautela em uma autorrepresentação que de outra forma seria previsível dentro da inescapável posição de oprimidos revela o poeta como uma sensibilidade que aborda o presente mas simultaneamente vislumbra a colheita social da luta. A humanidade que irá povoar o futuro não deve ser deixada apenas para o futuro, não deve ser dada por certa, nem ser gratificada mais tarde com uma justificativa conveniente para seus crimes:

> *A culpa deles*
> *não é muito diferente da nossa:*
> *— quem não se alegrou no exercício arbitrário do*
> *poder*
> *ou agarrou para si o que poderia ter sido*
> *de outro*
> *e quem não usou força superior no momento*
> *em que pôde*
> *(e quem de nós não foi tentado a fazer tais*
> *coisas?) —*
> *portanto, na culpa deles,*
> *na ferocidade dos dentes à mostra,*
> *batendo no peito em desafio e provocação,*
> *no clamor ensurdecedor das orações deles*
> *a uma divindade feita à imagem do preconceito deles*
> *que afoga a voz da consciência,*
> *se espelha nossa tribulação* [...][8]

Essa é uma expressão das insinuações sombrias que hão de resultar de um olhar intransigente para os denominadores comuns da humanidade. Encarado, por sua vez, a partir de uma postura revolucionária intransigente, o poema pode parecer cruzar o limite da blasfêmia, pois é possível afirmar que a expressão de tais percepções (e a compaixão negativa que isso implica) é um paliativo para a consciência impenitente do poder criminoso possuído pelo opressor social branco; ou, na melhor das hipóteses, pode se tornar um "mea culpismo" gratuito que enfraquece a vontade revolucionária. É mais saudável, entretanto, aceitar tais percepções plenamente e em seus próprios termos, considerá-las como uma dimensão realista e essencial do equipamento moral necessário para a reconstrução não apenas da sociedade, mas do homem. É duro e não sentimental, uma exigência de autocognição voltada para dentro, bem diferente do perigoso humanismo haraquiri da peça de Nkosi. Mas o argumento final reside simplesmente na pérfida realidade das nações africanas autônomas de hoje. Não requer nada mais contundentemente condenatório do que uma dissecação casual da realidade do poder no continente. "A divindade feita à imagem do preconceito deles" não pode mais ser identificada com base na simplista linha de cor.

É HABITUAL PENSAR sobretudo na ideologia cristã quando a questão da influência religiosa (sobre a ética, a linguagem etc.) é colocada no contexto da literatura africana moderna. Devido à formação da maioria dos autores mais conhecidos e à orientação geral de grande parte da prática literária africana em relação ao Ocidente cristão, às vezes se esquece que existe também um importante percentual da produção literária cuja inspiração deriva de uma visão não cristã de mundo, mais notavelmente a do islã. Seja em forma autocontida, isto é, que brota e se resolve inteiramente dentro de um quadro de referência islâmico — *L'Aventure ambigüe*, de Cheikh Hamidou Kane, é um exemplo útil disso — ou como uma reação contra a presença cristã, empregando influências, agressivas ou sutis, sobre os valores autóctones africanos, a visão islâmica desempenhou um papel fértil nas criações literárias nos últimos cem anos.

Devemos primeiramente fazer a distinção entre o uso deliberado de simbolismos, metáforas ou arquétipos históricos cristãos ou islâmicos e a aplicação das ideologias dessas grandes religiões em que uma determinada ética religiosa pode revestir uma obra literária e dominar sua resolução. O poeta Tchikaya U Tam'si, por exemplo, pertence ao primeiro grupo. É típico desse poeta tentar transmitir sua sensação de afronta ao humano diante, por exemplo, do assassinato e da mutilação do menino negro Emmett Till, nos Estados Unidos, por meio de imagens do Cristo crucificado e de uma santa congolesa, Santa Ana do Congo. Esse poema e a escrita de U Tam'si em geral florescem em um denso ecletismo religioso. Do lado islâmico, Malik Fall pertence ao mesmo grupo de U Tam'si na tradição de destilar os componentes de uma cultura religiosa e de permear um ambiente social com a essência dela. Sua obra alegórica *The Wound*[9] é um romance quase místico desse gênero. É uma parábola da identidade humana, uma busca de si mesmo, uma transcendência das limitações da mortalidade ligada à ânsia demasiado humana pela segurança básica da aceitação mortal, narrada contra o pano de fundo da suplantação colonial.

No entanto, são as obras da segunda categoria que realmente nos interessam aqui. E, em primeiro lugar, uma obra que é de fato um proselitismo direto e sem desculpas. Nas sociedades coloniais que procuram constantemente uma visão de mundo para desafiar as iniquidades inerentes a qualquer filosofia que possa ser associada à intrusão colonial, é natural encontrarmos obras que fazem questão de afirmar que o islã — um desafio organizado muito eficaz à autoridade cultural cristã — é uma religião cujas ética, filosofia e forma de culto reconciliam raças e incentivam a fraternidade universal. *Tierno Bokar*, de Hampâté Bâ, é uma biografia muito persuasiva de um sábio muçulmano, o Sábio de Bandiagara.[10] Na base dos ensinamentos de Tierno Bokar está a mensagem simples de um humanismo universal, uma crença em uma eventual tolerância e generosidade mútuas de força suficiente para transcender a memória histórica. Sem dúvida é esse anseio pela compreensão a qualquer custo, essa busca pelo fermento da reconciliação, que por vezes produz a literatura um tanto equivocada que discutimos antes. Uma diferença óbvia: *Tierno Bokar* é uma biografia direta. Narra o aprendizado religioso e o crescimento da sabedoria em um indivíduo cuja amplitude de visão o capacita a, mesmo elogiando a superioridade do islã sobre o cristianismo, pregar a acomodação da fé rival dentro do espírito de tolerância. O que é significativo para o nosso tema é a atenção dedicada de Hampâté Bâ à vida do sábio muçulmano. Ela integra várias obras destinadas a combater a cultura colonial cristã da experiência africana por meio de outra força cultural vinda do interior do patrimônio da sociedade. A própria linguagem, sua exposição meticulosa, é uma pista para a concordância absoluta dos ideais defendidos pelo autor e o tema escolhido, a aceitação do peso da transmissão da mensagem do Mestre, explicitada em seu ensinamento e implícita em sua vida. Hampâté Bâ escreve:

Por fim, com toda a sua lucidez, Tierno havia avaliado plenamente o desequilíbrio de que sofre toda a sociedade africana. Ousamos dizer que o mal se agravou desde que o Mestre fez essa afirmação em uma época em que deveria passar agora como profecia do que estava por vir? Puxada por vários centros de atração, a África é desviada por linhas de forças que afastam seus membros de seu lugar original. Não voltaremos à opinião que o Mestre tinha dessa perturbação, entendida no sentido religioso. Parecia-lhe extremamente ridícula. Compreendido no sentido mais geral de uma desintegração cultural, o fenômeno de que sofre a sociedade africana parece infinitamente cansativo ao Sábio de Bandiagara, que sabe muito bem que o remédio está na base cultural das próprias raças.[11]

Esse, então, é o verdadeiro propósito do estudo que Hampâté Bâ faz de Tierno Bokar: expandir as observações do sábio sobre aquela África resultante do impacto da civilização estrangeira, transformando-as em uma crítica da sociedade contemporânea, e fornecer uma base filosófica para a construção de uma nova sociedade, uma irmandade maior e mais estável, através da aceitação da verdade do islã. Eis outra passagem da catequese direta do Sábio:

Hoje essa palavra está escapando dos limites estreitos em que permaneceu. Nós a oferecemos ao público. O último parágrafo deste capítulo, dedicado à Mensagem, não pode ser nosso. Mais uma vez abrimos caminho para Tierno Bokar: "Aguardo com todo o meu coração a era da reconciliação entre todos os credos da terra, era em que essas fés unidas se apoiarão mutuamente para formar um dossel, a era em que descansarão em Deus em três pontos de apoio: Amor, Caridade e Fraternidade".¹²

Isso, é preciso lembrar, foi pelo menos quarenta anos antes dos esforços hesitantes do Vaticano para efetuar uma reconciliação, naturalmente não com as religiões não cristãs, mas com as várias peças que se romperam quando a rocha de são Pedro começou a se fender.

A ficção filosófica de Cheikh Hamidou Kane *L'Aventure ambigüe*, pertence a uma classe muito diferente de escrita, muito menos didática porém permeada de maneira mais profunda pela aura mística do islã. Sua missão é sustentada pela visão da humanidade e, mais especificamente, de uma nova consciência africana moldada pela sabedoria do islã e por uma sensibilidade que, muito ocasionalmente, sugere o animismo das crenças tradicionais africanas:

> Você não apenas se elevou acima da Natureza. Você até mesmo voltou a espada de seu pensamento contra ela: você está lutando pela sujeição dela — esse é o seu combate, não é? Ainda não cortei o cordão umbilical que me torna um só com ela. A dignidade suprema a que ainda hoje aspiro é ser a parte mais sensível e mais filial dela. Sendo a própria Natureza, não me atrevo a lutar contra ela. Nunca abro o seio da terra, em busca de meu alimento, sem antes pedir perdão, tremendo. Nunca golpeio uma árvore, cobiçando seu corpo, sem fraternas súplicas a ela. Sou apenas a extremidade do ser em que o pensamento floresce.¹³

A ênfase é, no entanto, no islã. A disputa pela alma de Samba Diallo, uma disputa que começou na infância contra as exigências do secularismo e se espalhou na maturidade para a arena mais complexa e precária da Europa, é travada em nome de uma visão islâmica do ser. A Europa sem Deus é um ogro implacável: "Aprendi que, na pátria do homem branco, a revolta contra a pobreza e a miséria não se distingue da revolta contra Deus. Dizem que o movimento está se espalhando, e que em breve o mesmo grande grito contra a pobreza vai abafar a voz dos muezins".[14] A motivação humanitária que fez surgir o comunismo como uma força social irresistível é reconhecida desfavoravelmente para facilitar o propósito de sua autoacusação. A acusação é de impiedade, o veredito, uma conclusão inevitável. O espírito humano está em perigo; esse é o somatório do discurso entre os eruditos e sábios dialobés.* Metáfora e imagens reforçam a tendência — que chance tem a imagem do martelo e da foice, pejorativamente evocada, contra a estrela e o crescente, contra o imediatismo total da Lareira Acesa de Kane?

Aquela qualidade da linguagem do Alcorão que Kane descreve como uma "beleza sombria", ele tenta conscientemente captar em sua própria prosa. A qualidade aparece mesmo na tradução [para o inglês], esculpida de forma limpa, mas misteriosa e muitas vezes elusiva, sugestiva de muito que não é dito, camadas de percepção que precisam ser descascadas. Nenhuma crítica aos excessos maníacos do Mestre do Texto pode se infiltrar na escrita; seu sadismo explícito (uma característica familiar não apenas dos professores do Alcorão, mas do mestre-escola tradicional da aldeia) é subsumido no

---

* Grupo étnico conhecido como Fulani, Fula ou Peul, originário do Senegal e de países vizinhos. (N. T.)

grande amor do Mestre, na pureza mística de seus motivos; a tortura por lenha em brasa é a "incandescência" do Texto. Entregue nas mãos do sábio muçulmano para instrução, Samba Diallo domina a Palavra, aprende as virtudes da humildade subsistindo, com outros alunos, exclusivamente da caridade. A perfeição é buscada constantemente, até na arte de mendigar: "Em nome de Deus, doai àqueles que mendigam para a Sua glória. Homens que dormem, pensem nos discípulos que passam!".[15] As inserções morais são formuladas com um lirismo que busca substituir o fluxo oral ausente dos marabutos: "Homens de Deus, a morte não é aquela noite que traiçoeiramente inunda de trevas o ardor inocente e animado de um dia de verão. Ela avisa, depois ceifa em pleno meio-dia da inteligência".[16] Até mesmo o professor fica impressionado com as improvisações de Diallo. Ele as chama de "belas e profundas". Hamidou Kane é um diligente expositor da Fé.

Por fim Samba Diallo, para quem até uma luta física é controlada e experimentada como uma espécie de coreografia mística que culmina numa catarse de corpo e mente, deixa sua terra natal para enfrentar inimigos mais terríveis do que um colega invejoso. A disputa é mais do que individual. As crises de decisão já reveladas na liderança dos dialobés — a Senhora Mais Real, o Chefe dos dialobés, o Mestre — envolveram o futuro de gerações inteiras na odisseia pessoal de Samba Diallo, mas os conflitos internos do herói são intensamente individuais e espirituais. Seu tema escolhido, filosofia, facilita a exposição do terreno contestado. Já escutamos seu pai e o sr. Lacroix em uma competição equilibrada sobre as verdades de seus mundos separados. Ali, a missão de Diallo, seu destino, é definida em termos pan-étnicos surpreendentes com uma invocação sonora de árbitros cósmicos que soa excessivamente apaixonada:

> Não cometa violência contra si mesmo, M. Lacroix! Eu sei que o senhor não acredita na sombra; nem no fim do mundo. O que o senhor não vê, não existe. O momento, como uma jangada, carrega-o sobre a superfície luminosa de seu disco redondo, e o senhor nega o abismo, do qual virão grandes rajadas de sombra sobre nossos corpos enrugados, nossas testas macilentas. Com toda a minha alma desejo essa abertura. Na cidade que está nascendo tal deveria ser nosso trabalho — todos nós, hindus, chineses, sul-americanos, negros, árabes, todos nós, desajeitados e lastimáveis, nós os subdesenvolvidos, que nos sentíamos desajeitados em um mundo de ajuste mecânico perfeito. [...] Deus em Quem eu acredito, se não formos ter sucesso, que venha o Apocalipse! Tira de nós aquela liberdade da qual não teremos sabido fazer uso. Que Tua mão caia pesadamente, então, sobre a grande inconsciência. Possa o poder arbitrário de Tua vontade descontrolar o curso estável de nossas leis [...].[17]

De dentro de sua personalidade profundamente muçulmana, Diallo manifesta a quintessência da humanidade africana e o destino da raça negra. O ateísmo materialista ocidental é atacado com as próprias armas dialéticas do Ocidente. Sua solidão individual e a precariedade de seu papel são ressaltadas por encontros com negros degenerados que foram vítimas das blasfêmias da Europa. A humanidade sobrevive, mas outro preço foi extorquido de Diallo; ele experimenta o abandono de Deus e sua fé torna-se incerta.

Por tudo isso passa um fio secundário que, no entanto, não ocupa um nível de relevância secundária e que, dependendo da inclinação individual, poderia ser considerado um tema crucial da obra. Uma obsessão com a morte e a mortalidade foi a base das instruções do Mestre a seu aluno; ela vai ficar com Diallo pelo resto de sua curta vida e, de fato, matizar sua abordagem espiritual e intelectual da existência. Mortalidade, decadência e transitoriedade passaram a ser o foco da percepção — pensamento, matéria e fenômeno se tornam relativos a esse centro de realidade e, lembrando a própria preparação do Mestre para a morte, há a tentação de considerar que Samba Diallo foi usado (e deformado) pelo Mestre no que é sua própria batalha pessoal. A conversa do Mestre com a Dama Real sobre o assunto é muito reveladora. As objeções que ela faz são ignoradas, mas os argumentos contrários estão longe de serem objetivos. A visão turva da existência à qual o Mestre expõe uma criança de sete anos ganha nossa simpatia para a insistência da mulher no que é positivo na vida; uma leitura diferente e uma recolocação da centralidade dos temas fazem dessa uma cena-chave e inquietante. *L'Aventure ambigüe* sugere, a partir dessa outra perspectiva, o desperdício de um indivíduo sensível e espiritual cuja realização social foi sacrificada em prol da busca de um idoso pela serenidade da morte. Do ponto de vista da Fé, isso seria uma oferta aceitável. O Mestre encarnou a Palavra, "ele possui a Palavra, que não é feita de nada corpóreo, mas que perdura". É consistente que ele tenha defendido as virtudes da negação do ser social contra a insistência da Dama Real na utilidade social. "Quanto a mim", declara Diallo em Paris, "não luto pela liberdade, mas por Deus." Os paradoxos na compreensão que Diallo tem de

Deus talvez sejam responsáveis pela seguinte interpretação: uma vez que ele se esforça para ver Deus como a realização suprema, a morte e a corrupção — que também são a realização suprema — se fundiram a Deus em sua consciência interior. É difícil escapar a tal conclusão diante de confissões como esta do jovem angustiado: "Parece-me, por exemplo, que no país dos dialobés o homem está mais perto da morte. Ele vive em termos mais familiares com ela. Sua existência adquire dela algo como uma consequência da autenticidade. Lá embaixo, existia entre a morte e mim mesmo uma intimidade".[18] E um momento depois:

> Ainda me parece que, ao vir aqui, perdi um modo privilegiado de conhecimento. [...] Nenhum estudioso jamais teve tanto conhecimento de nada como eu tive, então, de ser. [...] Aqui, agora, o mundo está em silêncio e não há mais qualquer ressonância vinda de mim. Sou como um balafom quebrado, como um instrumento musical que morreu.[19]

É possível essa linguagem ser separada de suas expressões posteriores do sentimento de abandono de Deus?

> A cena é a mesma. Trata-se de uma mesma casa, cercada por um céu mais ou menos azul, uma área rural mais ou menos animada, água correndo, árvores crescendo, homens e animais vivendo ali. A cena é a mesma, eu ainda a reconheço. [...] Lucienne, aquela cena, ela é uma farsa! Atrás dela há algo mil vezes mais belo, mil vezes mais verdadeiro! Mas não consigo mais encontrar o caminho para aquele mundo.[20]

Seus murmúrios durante suas primeiras excursões necrófilas também complementam as máximas de seu Mestre sobre o tema. Ao protesto da Princesa de que a nova geração terá que lidar com o mundo dos vivos, de que os valores da morte serão desprezados e considerados falidos, o Mestre declara: "Não, senhora. Esses são os valores finais, que ainda terão seu lugar no travesseiro do último ser humano".[21] Um jogo eficaz de palavras e associações temporais, que, no entanto, suscita uma questão. Quando a vida é apreendida apenas por meio de sua negação — a morte —, a existência passa a ser definida como uma ilusão temporal; a crise de crença de Diallo é a crise conhecida de quem vê a existência como sem sentido e a realidade desejada como elusiva. Sua morte nas mãos do Bobo agora faz sentido: é ao mesmo tempo simbólica e lógica — dentro da lógica de todo drama do absurdo em que o componente humano de uma arquitetura social é deslocado e privado de um rumo, de relações significativas ou relevantes. Diallo, aspirante a "artesão" da cidadela contra o abismo ocidental, de alguma forma permitiu o enfraquecimento de sua própria fundação. É pertinente que ele seja morto por um estilhaço rebelde do edifício que desmorona.

O que emerge triunfante? Essa orientação de ênfase para a metáfora da disputa não é de forma alguma abrangente, mas é inevitável do ponto de vista de nosso tema geral. O vencedor não é a sociedade tradicional dialobé, nem o Ocidente, que foi responsável pelo enfraquecimento das raízes espirituais de Diallo, mas a doutrina da morte; o Mestre; a Palavra do islã. Como Diallo previu, o Mestre não o abandona mesmo após a morte. Do além-túmulo, ele estende a mão para convocá-lo, primeiro criando a epifania de Diallo por intermédio do Bobo e, em seguida, pela mesma agência, concedendo-lhe a absorção no tão buscado Supremo. O círculo da missão foi completado. O aluno menor o precedeu em pensamento — então o Chefe dos dialobés em uma carta a Diallo sobre a morte do Mestre: "Chega a hora em que, se eu tivesse essa escolha à minha disposição, eu optaria por morrer". É a menor concessão que ele faz mais tarde: "Infelizmente, não posso nem mesmo fazer como o seu antigo professor fez, pôr de lado aquela parte de mim que pertence aos homens e deixá-la nas mãos deles, enquanto eu me retiro".[22] Mas Samba Diallo é seu sucessor designado. Na luta da necessidade secular contra as reivindicações da decadência mística, o Mestre tem a palavra final, e é Não. A Palavra emerge triunfante.

O contraste oferecido por Daniachew Worku em sua atitude em relação ao seu material cristão etíope em *The Thirteenth Sun*[23] é muito instrutivo. A obra tem muitas semelhanças com as preocupações de Hamidou Kane em *L'Aventure ambigüe*. Seu contexto é a religião e seu cenário é uma peregrinação. A morte e o corrompimento do corpo são presenças eternas também nessa obra. O personagem central ou, mais precisamente, o personagem em torno do qual a ação gira, embarcou na peregrinação em busca de uma cura. Ele morre, apesar das ministrações sacerdotais e outras. No processo, seu filho e sua filha, de maneiras diferentes, atingem uma maturidade acelerada. À diferença de Worku, não há espaço para o menor toque de irreverência no retrato idealizado da realidade dos dialobés feito por Hamidou Kane. As figuras são um tanto extravagantes, elas existem em um permanente resplendor de sabedoria, propósito e espiritualidade. Seu discurso é elaborado com cuidado, não permitindo a intrusão de trivialidades. O pensamento, a reflexão profunda, repousa constantemente sobre seus ombros e lança uma penumbra de distanciamento em torno de sua mínima ação. Mesmo no domínio da decadência, os ossos e a carne corrompida ganham uma dimensão escultórica; a velhice e o reumatismo nas articulações enfraquecidas do Sábio apenas oferecem oportunidade para experimentar um humor divino. Não é assim com Worku, para quem a linguagem da morte é a linguagem de vísceras, moscas e fedor, assim como a sua linguagem religiosa é também a da fraude, do charlatanismo, da gula e da exploração. As superstições da religião islâmica recebem um brilho filosófico; Worku melodramatiza o cristianismo etíope, aliando seu sacerdócio às confusas alegações sobrenaturais de uma "mulher-feiticeira". No entanto, a obra de Worku não apresenta nenhuma visão social e, portanto, não está de fato dentro do nosso quadro de referência; mas de fato oferece uma abordagem convenientemente divergente que enfatiza a escala de dedicação que entrou na projeção ideal de Hamidou Kane e reforça a consciência de escolha do autor.

QUANDO OS DEUSES MORREM — isto é, se despedaçam —, o escultor é convocado e um novo deus ganha vida. O velho é descartado, deixado no mato apodrecendo e sendo comido por cupins. O novo é investido com os poderes do antigo e pode adquirir novos. Na literatura, o escritor auxilia no processo de desuso, agindo como o cupim ou ignorando a antiga divindade e criando novas. Sembène Ousmane, Yambo Ouologuem e Kwei Armah estão entre os principais praticantes desse método. Mas o processo foi facilitado e complementado por uma escola de iconoclastia bastante diferente, que adota o método simples de secularizar as antigas divindades. Na literatura africana, essa é uma etapa orgânica; os próprios deuses, ao contrário dos deuses do islã e do cristianismo, já são propensos ao secularismo; eles não podem escapar de sua história. O escritor não faz muito mais do que transformar essa história em uma realidade tangível e afetiva em qualquer ponto da história que ele decida trazer à vida. As obras de Chinua Achebe não são estritamente obras que projetam uma visão social, preocupando-se principalmente com evocações da realidade em pontos nos quais, para usar a expressão precisa de Amílcar Cabral, "a África foi obrigada a abandonar sua história, sua verdadeira história". Mas Achebe (e, mais tarde, Ouologuem) servirá como uma ponte entre o entrincheiramento de divindades — autóctones e estrangeiras — como mentoras de perspectivas sociais e obras de uma visão secular assertiva como as que encontramos em Ousmane e outros. As obras desse último grupo revelam a tendência atual da escrita africana, propensa a se tornar cada vez mais dominante à medida que a intelectualidade do continente busca soluções ideológicas que estão verdadeiramente separadas dos acréscimos supersticiosos de nossos encontros estrangeiros.

A natureza secular do livro de Achebe *A flecha de Deus* está, na verdade, posicionada sobre uma ambiguidade muito delicada. Considerações acerca da autenticidade da inspiração espiritual, ou de manifestações que podem ser consideradas sobrenaturais ou, pelo menos, coincidências ameaçadoras, recebem explicações alternativas (seculares) nas reflexões casuais de membros de sua comunidade igbo, disfarçadas, como sempre, por problemas individuais ou po-

Ideologia e a visão social (I): O fator religioso

sições tomadas em confrontos seccionais. Em suma, tingidas por sua *humanidade*. "Eu não disse que Ezeulu está mentindo usando o nome de Ulu, ou que não", diz Ogbuefi Ofoka. "O que nós lhe dissemos foi para ir comer os inhames e que iríamos arcar com as consequências."[24] A verdade, obviamente, é que o próprio Achebe levantou a questão. A "mentira" impensável se tornou elástica por definição: o que, em termos espirituais, é uma mentira? Nos domínios das motivações psicológicas, o conhecimento da vontade divina perde sua afirmação absoluta. Por que, nesse contexto, somos obrigados a seguir o sacerdote até o santuário de Ulu, experimentar seu poder macabro, se não numinoso, mas sermos privados do processo de comunicação entre o sacerdote e a divindade? O método estilístico ao qual estamos acostumados tem sido até agora, em contraste, um método de iteração, mesmo de detalhes monótonos. Uma sugestão que se apresenta — que Achebe é atraído para a preservação do mistério de Ulu — revela-se insatisfatória, pois precedentes contrários foram estabelecidos ao longo da obra. A própria história de Ulu roubou-lhe até mesmo o espanto e a reverência devida ao autóctone; Ulu, o deus, mostra-se menos misterioso do que os egunguns, aqueles que são meros espíritos ancestrais do clã, e mesmo eles foram vestidos e despidos diante de nosso olhar. Não, perdeu-se uma oportunidade (e devemos suspeitar que foi deliberado) de transmitir até mesmo uma fração da imanência da divindade e o poder de seu sacerdote de adivinhar sua vontade. O confronto entre deus e sacerdote é desviado inofensivamente por meio de um vislumbre profético do próprio destino do deus:

Enquanto Ezeulu lançava seu cordão de búzios, o sino do povo de Oduche [isto é, o sino dos cristãos] começou a tocar. Por um breve momento, ele se distraiu com o tom triste e comedido e pensou como era estranho que soasse tão perto — muito mais perto do que soava em seu *compound*.*25

O sacerdote invoca sua divindade, mas são os sinos da igreja cristã que lhe respondem. E depois, nada além do anúncio lacônico de que sua consulta com a divindade não produziu nenhum resultado.

A luta entre os deuses tem sido colocada diretamente na esfera da política e, embora o espiritual e o misterioso nunca estejam ausentes ou invalidados — decerto o afetivo ou responsivo na vida da comunidade é constantemente usado para reforçar essa dimensão da realidade —, ainda assim os argumentos mais fortes em prol de um fator divino na vida de Umuaro são deliberadamente subvertidos por associações impuras insinuadas por meio de manipulações da linguagem, contradizendo situações ou reivindicações preponderantes da sabedoria secular. "Os deuses às vezes nos usam como chicote", declara o sacerdote de Ulu, recriando corajosamente sua pessoa como uma extensão, não tanto dos deuses, mas do princípio de vingança. Mas de quem é a vingança? Depois disso, a linguagem de acusação da noz-de-cola que impiamente não é quebrada para Ulu, a linguagem do silêncio de Umuaro em face da provocação, parece um lamento. E, como apontam os anciãos de Umuaro, até mesmo Ulu tem

---

* Conjunto de habitações em que mora uma família, geralmente cercado ou murado. (N. T.)

seu preço — só restava ao seu sacerdote nomeá-lo. O poder de Ezeulu (e de Ulu, por implicação) para punir Winterbottom nunca é proposto de maneira incontestável. Sabemos do encontro anual de Winterbottom com a febre tropical; sabemos também que um predecessor seu foi levado de lá com essa doença. Nwodika, convertido à causa de Ezeulu, pouco ajuda (na proporção de forças por parte do leitor, bem entendido) fingindo uma doença de curta duração, depois declarando que isso foi nada menos do que obra de Ezeulu, como um aviso intencional. O episódio é sugestivo de práticas paralelas. Ulu pode ter partido seu sacerdote, mas Achebe abriu fissuras em seu molde espiritual muito tempo antes.

A própria filosofia secular de Ezeulu agrava a ambiguidade. Junte-se a eles (os cristãos), diz a seu filho Oduche, e aprenda seus costumes, seja meus olhos e ouvidos entre eles. Não se pode culpar o arrogante novo-rico, Nwaka, por virar essa estratégia perigosa contra seu praticante. Afinal, esse não era um intriguista político experiente, mas um jovem impressionável. Em sua conversa com Nkubue, Ezeulu fala em termos de sacrifício; isso significa que ele estava totalmente reconciliado com o inevitável, a completa assimilação de seu próprio filho à fé cristã?

"Quem era Ezeulu para dizer à sua divindade como combater o culto cioso da píton sagrada?"[26] Essa repreenda foi o somatório do diálogo inspirado do sacerdote com Ulu e conduziu, naturalmente, a veredas perigosas, muitas das quais ele não conseguia perceber então. Se ele tivesse levado o argumento adiante, reexaminando sua ação à luz da competência declarada de Ulu na questão de defender sua preeminência, poderia ter perguntado com igual validade: quem era Ezeulu para dizer à sua divindade como combater o culto cioso dos invasores cristãos? De fato, ele poderia ter feito essa pergunta no momento de sua decisão de "sacrificar" Oduche, e não se limitar posteriormente a um paradoxo insustentável. O fracasso de Ezeulu em fazer isso levou-o a seguir por trilhas racionalmente estendidas, beirando mesmo a traição religiosa. Se o pequeno ato de sacrilégio de Oduche — encaixotar a píton real — pôde ser visto por Ezeulu como um possível artifício do deus Ulu, só nos cabe então concluir que a divindade estava inconscientemente cavando sua própria cova. Isso equivalia a usar a pedra cristã para esmagar uma mosca doméstica, um erro de cálculo que assume proporções ainda mais autodestrutivas se aceitarmos as especulações de Ezeulu de que a mão de Ulu deve ser vista também na sua (de Ezeulu) perseguição individual pelo homem branco, o que resultou no aumento de sua estatura em Umuaro e permitiu-lhe lidar de forma mais efetiva com o culto rival. Para sobreviver a essa ameaça facciosa, parece que o sacerdote de Ulu *precisava* do homem branco e sua religião. Já que não temos nenhuma dúvida de que o sacerdote de Ulu era astuto, nobre e motivado sempre por fortes considerações éticas (haja vista seu testemunho contra sua própria aldeia na disputa de terras com Okperi), o plano de visão sobre o qual suas decisões são tomadas parece ser constantemente um plano racionalizado, até mesmo pragmático. Não se trata de um plano de visão *inspirado*. Na narração cuidadosamente guiada, encontramos mais momentos inspirados no portador do egungum do que no sacerdote da divindade principal de Umuaro.

No entanto, esse sacerdote aspira a nada menos do que o controle cósmico. As seis aldeias, como resultado de uma consulta infrutífera, ficariam encerradas no ano velho por mais duas luas. A grandeza desse desafio é apenas levemente atenuada pelo ilusório jogo de cálculo de números sobre o qual se baseia — o fato de que restam três inhames em vez de um. Mais uma vez encontramos a secularização obstinada por parte do sacerdote daquilo que é profundamente místico. A supererrogação dos anciãos de Umuaro empalidece ao lado da sua: "Umuaro agora está pedindo para que você vá e coma os inhames restantes hoje e nomeie o dia da próxima colheita [...]. Eu disse vá e coma esses inhames hoje, não amanhã; e se Ulu disser que cometemos uma abominação, que ela recaia sobre as cabeças de nós dez aqui presentes. Você estará livre porque nós o incumbimos disso [...]".[27] É verdade que já fomos sutilmente introduzidos à transformação inata dos treze inhames, vimos o Sumo Sacerdote em sua refeição ritualística no aparecimento da lua nova e o compreendemos quando ele reclama aos anciãos de Umuaro que comer um inhame a mais do que o prescrito é comer a morte. Mas sabemos que Ezeulu não tem medo da morte — e a morte, no mundo de Achebe, não é apenas a redução da existência, mas pode envolver uma perda do eu ainda mais terrível. Em suma, Ezeulu não tem medo do autossacrifício, seja lá o que isso possa implicar. Portanto, é irônico que seja o sacerdote quem trabalha com a lógica secular enquanto os líderes sugerem remédios espirituais. "Eu só convoco um novo festival quando resta apenas um inhame do último", ele persiste. "Hoje eu tenho três inhames e, portanto, sei que ainda não chegou a hora."[28] E cabe a seus visitantes sugerir um recurso ao deus, demandar o preço do apaziguamento. São eles que estão preparados para "comer a morte" se a demanda que fazem ao seu sacerdote se revelar abominável.

Ao sacerdote de Ulu, no entanto, pertence a última palavra. Ele pretende nada menos do que deixar a aldeia trancada no ano velho, e por nada menos que duas luas. Suas implicações são cósmicas; o sacerdote busca deslocar o ciclo perene da Natureza. Os aspectos sociais e econômicos ficam em segundo plano: plantio e colheita, festividades, ritos e celebrações, todos com seu próprio calendário sazonal. Talvez seja a enormidade da ideia que faz Achebe tratar de maneira tão sumária essa concepção marcada pela húbris. Um curto parágrafo, uma concessão a um "alarme como ninguém lembrava ter acontecido em Umuaro" e somos desviados de maneira firme e definitiva para as disputas domésticas que resultam da ação de Ezeulu. Há um sentimento genuíno de ser enganado, e isso pode ser atribuído à própria postura ambígua de Achebe. Ulu permanece ignorante, ou pelo menos não é obrigado a participar da elaboração desse evento apocalíptico. A morte de Obika é uma resposta divina muito superficial, se de fato é isso, e o comentário do culto rival de Idemili — "Isso deve ensiná-lo até onde ele pode ousar ir da próxima vez" — é demasiado banal e ressentido para corresponder à escala conceitual da própria causa. Na literatura, o evento é vivenciado de acordo com sua escala de tratamento.[29]

Na obra de Achebe, os deuses são apresentados como uma expressão da unidade política (e da desunião) do povo. Sua história ou medida (ou ambas) atestam sua sujeição à consciência secular. Por mais generosamente que o elemento do inexplicável seja introduzido na vida de uma comunidade, não é possível, em última instância, que os deuses superem suas origens. A divindade Ulu surgiu como resultado de uma decisão de segurança, uma expressão da vontade de sobrevivência da comunidade humana. Não importava que uma nova entidade política, Umuaro, também tivesse surgido como resultado disso: "Como um povo assim poderia desconsiderar o deus que fundou sua cidade e a protegeu?", medita o sacerdote. Eles podiam, porque embora uma nova existência tenha sido criada por meio da agência do deus, era uma existência puramente política, não, por exemplo, uma nova concepção ou relação de ser. A vontade dessa relação criativa permaneceu com o lado humano da parceria.

As divindades menores se saem ainda pior. O festival do Inhame Novo era

> a única aparição pública permitida a esses deuses menores durante o ano. Eles entravam no mercado na cabeça ou nos ombros de seus guardiões, dançavam e depois ficavam lado a lado na entrada do santuário de Ulu. Alguns deles deviam ser muito velhos, se aproximando do tempo em que seu poder seria transferido para novas esculturas e eles seriam postos de lado; e alguns teriam sido feitos há poucos dias [...]. Talvez este ano mais um ou dois desapareceriam, seguindo os homens que os fizeram à sua imagem e partiram há muito tempo.[30]

A passagem entoa o canto fúnebre não apenas dos deuses de Umuaro, mas da própria divindade. Porém não é um som triste, pois investe o homem e a comunidade com a "força vital" dos deuses. Essa força vital não é destruída. De fato, Achebe sugere um sentimento residual de imanência na unidade humana. Mas o criador e guardião do deus é feito homem, não o contrário, e é contra esse contexto sutilmente estabelecido que a personalidade de Ezeulu é moldada. O que acontece então, por fim, com essa personalidade que era ela mesma uma encarnação das forças vitais de Umuaro?

Podemos examinar essa questão primeiramente de um ponto de vista externo — sua relação, tal como vivenciada em si mesmo, com Winterbottom. Somos amigos, ele comenta sobre Winterbottom, e sua amizade tem um sentido ético — a amizade de alguém que distingue a verdade e reconhece o homem que a fala. Mas esse reconhecimento de amizade prevê uma base de igualdade: Winterbottom, na mente de Ezeulu, deveria ter percebido que não poderia convocar de modo peremptório o Sumo Sacerdote de Ulu. Em seguida, deveria saber que precisava evitar fazer do Sumo Sacerdote de Ulu seu próprio instrumento. Também podemos considerar se a rejeição de Ezeulu da oferta do cargo de chefia por parte do homem branco é baseada em um conflito entre lealdades seculares e espirituais: não há evidência de tal conflito. "Diga ao homem branco que Ezeulu não será chefe de ninguém, exceto de Ulu."[31] Isso não nos diz nada, exceto que primeiro entendemos como Ezeulu vê Ulu em relação a si mesmo. Podemos recapitular como isso ocorre. As evidências sugerem que o sacerdote desdenha Winterbottom por motivos sociopolíticos, isto é, como representante da comunidade de Umuaro, o baluarte ético e repositório da vontade social. Para esse orgulhoso sacerdote, torna-se uma contradição de suas funções aceitar um mandato de um regime rival. Ulu é fundido, no trato de Ezeulu com Winterbottom, com Umuaro. "Ezeulu não será chefe de ninguém, exceto de Ulu." Podemos realmente, a partir da apresentação de Ulu e seu sacerdote feita até o momento, ler a mente de Ezeulu e entendê-lo como se dissesse: "Eu não posso servir a Deus e ao Homem"? Não parece ser isso. Tudo o que precedeu esse confronto nega tal interpretação. Ao longo do encarceramento de Ezeulu, vemos Ulu meramente como o instrumento da vontade do sacerdote. Achebe, de forma deliberada ou não, evita quaisquer dimensões espirituais na experiência de exílio do sacerdote. Considerações de funções, sim, e até mesmo essas (incluindo sua visão) são elaborações da política fratricida. O fato de que, em sua visão, ele seja realmente cuspido e chamado de "sacerdote de um deus morto" não desencadeia nele qualquer alarme espiritual; ele apenas lamenta que tenha perdido, na realidade apenas por um tempo, o status de Sumo Sacerdote. Achebe mantém todas as implicações do exílio firmemente no mundo secular, reduzindo-as ainda mais com a infusão de um drama doméstico atrás do outro. Esse é o contexto imediato que nos é oferecido pelo som da resposta de Ezeulu à oferta do homem branco. E sua estatura — a apreensão de sua dignidade entre seus conterrâneos — está enraizada em seu ser social, não em um sacerdócio religioso. A "metade espiritual" de Ezeulu, às vezes enfatizada por seu amigo Akuebue, aparece constantemente reprimida nos pontos altos de seu drama.

Nas páginas finais, porém, encontramos uma dificuldade. As lamentações de Ezeulu são expressas na linguagem pietista do abandono de deus, não como protestos contra abstrações como Sina ou Destino, nem mesmo como reconhecimento da possibilidade de que ele, que advertiu tantos contra tal erro, tivesse finalmente desafiado seu *chi** pessoal.

---

* Entre os igbos, o assistente espiritual ou tutor de cada indivíduo. (N. T.)

É a mesma linguagem que encontramos em Kane, exceto por uma diferença no modo de experiência do indivíduo — uma diferença de temperamento — e nas metáforas de expressão do autor. "Por que, ele se perguntava repetidas vezes, por que Ulu tinha escolhido lidar assim com ele, para derrubá-lo e cobri-lo de lama?"[32] Considerado em conjunto com o diálogo anterior de Ezeulu com Ulu (enquanto ele brincava com a ideia de ceder em seu esquema para punir o povo de Umuaro), isso constitui a expressão mais forte até agora de Ulu como uma Consciência ativa distinta. Os líderes de Umuaro reforçam isso. "Para eles, a questão era simples. Seu deus tomara o partido deles, contra seu sacerdote obstinado e ambicioso, e assim defendera a sabedoria de seus ancestrais [...]."[33] Mas não é por essa razão que Achebe está prestes a dar a última palavra ao deus. Mesmo aqui, o deus é designado para servir aos fins dos ancestrais, do clã, do povo. E há implicações nesse julgamento para o próprio deus — pois não encontramos anteriormente nessa narrativa deuses que estavam destinados a um final não diferente daquele do sacerdote? Já vimos como o povo de Aninta lidou com seu deus quando este falhou com eles: carregou-o até a fronteira entre eles e seus vizinhos e incendiou-o. Ao enfatizar que Ulu havia apenas mantido a vontade comunal, um elemento da própria existência precária do deus é sublinhado. O deus não pode iniciar nada, ao que parece; seu papel é o de executor das decisões já tomadas ou afirmador do éthos secular. E, por acaso, embora Ulu possa ter interpretado corretamente os desejos da maioria em Umuaro, não conseguiu adivinhar os fatores históricos em ação. Seu senso de oportunidade é tão inábil que ele mesmo acaba atraindo o desastre sobre si, entregando uma rica colheita social de Umuaro aos cristãos proselitistas. Somos deixados com uma predição em aberto de que Ulu definiu seu rumo para o destino exato do deus de Aninta, pelo menos figurativamente. Ezeulu, e não Ulu, passa a representar o somatório da força vital de Umuaro; sem ele, o deus é reduzido a uma concha vazia.

4. Ideologia e a visão social (II): O ideal secular

UM CERTO LOTHROP STODDARD profetizou o seguinte (o ano era 1920):

> Certamente, todos os homens brancos, sejam ou não cristãos professos, deveriam saudar o sucesso dos esforços missionários na África. O fetichismo e a demonologia degradantes que resumem os cultos pagãos nativos não podem subsistir, e todos os negros um dia serão ou cristãos ou muçulmanos.[1]

A África sem a região do Saara, ao norte, ainda é um continente muito grande, povoado por uma miríade de raças e culturas. Com seus milhões de habitantes, deve ser o maior vácuo metafísico já inventado para fins de propaganda racista. Mongo Beti é talvez o escritor que aceitou com mais assiduidade o desafio do sr. Stoddard, lidando de forma hábil e autêntica com as reivindicações do cristianismo como preenchedor de buracos espirituais. Sua arma é uma generosidade enganosa que disfarça, até o último momento, uma lógica destrutiva, incontestável em sua exposição consistente de causa e efeito. Seus sacerdotes nunca são vilões completos, mas revelam-se completos tolos. Mesmo quando ele mostrou o representante da Igreja cristã como uma figura cheia de dúvidas interiores a caminho de eventual esclarecimento, trata-se apenas de um refinamento da hipocrisia encantadora de Mongo Beti — suas exigências serão duplamente cruéis e minuciosas. Assim, em *King Lazarus*, o reverendo Le Guen, obstinado até o fim, apenas perde sua posição e fica com o consolo de comiserar-se de si mesmo como uma vítima das intrigas administrativas coloniais. A única retaliação das vítimas de sua agressão espiritual é testemunhar a reversão de seu convertido mais valioso às alegrias da poligamia. O pobre Cristo de Bomba é um prelado igualmente teimoso, ainda mais delirante em seus encontros com práticas "pagãs", mas, em contraste, revela-se um homem torturado por dúvidas crescentes. Suas reflexões íntimas prometem uma conversão, alguma esperança para a salvação do homem é despertada no peito do leitor. No entanto, Mongo Beti não está prestes a redimir o seu tolo. As ramificações de um desfecho venéreo cobrem o Padre Superior com o fedor do fracasso. A tese de Beti diz: a Igreja é, por sua própria natureza (doutrina e prática), um contágio. As exposições de Mongo Beti são erosões magistrais do mito cristão.

As virtudes das obras de Mongo Beti instigam elaborações detalhadas, embora ele esteja estritamente fora de nosso quadro de referência. Sua tarefa é a demolição dos aspirantes à superioridade cultural e espiritual, não uma reafirmação dos valores do passado ou do presente em perspectivas integradas de um potencial futuro. Esse último processo não precisa ser explícito ou didático; precisa apenas traduzir os valores inerentes ou declarados viáveis de uma situação social, transformando-os em uma perspectiva contemporânea ou futura, engajando a colaboração do leitor através de personagens simpáticos e julgamentos de valor operados por um hábito mental contrastante. A iconoclastia por si só pode incorporar uma visão social, e a questão decerto é levantada pela firme obra de Ouologuem, *Le Devoir de violence*.

Mas, antes de tudo, um problema que não pode ser ignorado se formos honestos. As acusações de plágio sobre a obra de Ouologuem parecem estar bem fundamentadas; seria fútil negar. A questão literária permanece, no entanto: se estamos ou não diante de uma contribuição original para a literatura, apesar dos empréstimos. O *drama* do romance é original; isso, creio eu, não foi contestado. A energia propulsora estilística "griô" e a visão criativa são, inquestionavelmente, de Ouologuem. Alegou-se que a estrutura temática também foi emprestada da obra de um vencedor anterior do prêmio Renaudot; com isso, eu me refiro à disposição do tema nas mídias de transmissão de eventos, lugar e relações temporais. Não li a outra obra; portanto, esse quesito não posso resolver. Existem também questões morais e filosóficas. As primeiras podem ser resolvidas de forma bastante simples: teria sido preferível que Yambo Ouologuem tivesse reconhecido as suas fontes. O aspecto filosófico diz respeito ao princípio da propriedade da palavra escrita. Essa era a linha que eu esperava que Ouologuem adotasse em sua resposta às acusações, não por qualquer interesse nos resultados, mas em antecipação a um debate que, dada a tendência francesa para a filosofia especulativa, decerto teria resultado no obscurecimento das questões originais e deixado que os leitores de Ouologuem continuassem considerando sua obra como literatura, até que fossem apresentadas evidências do contrário. É precisamente o que me proponho fazer.

A acusação de plágio não foi, no entanto, a única reação produzida pela obra. Não é surpreendente, dada a natureza das alianças políticas que dominam o mundo hoje, descobrir que a intelligentsia do mundo negro está em desacordo ideológico quanto a uma questão: se o exocentrismo cultural e político imposto, como um fator retardador da história e do desenvolvimento autênticos da África negra, deve ser reconhecido como pertencente apenas ao mundo europeu. A existência da escola de pensamento que acha que *não* é nossa preocupação atual; assim como sua expressão entre os escritores e intelectuais africanos não é tão nova quanto comumente se supõe. Yambo Ouologuem inquestionavelmente disparou o alarme crítico na escola adversária, mas o que ele fez com sua recriação ficcional da história não é nem mais nem menos do que pessoas como Cheikh Anta Diop ou Chancellor Williams têm feito por décadas em seus vários ensaios sobre civilização africana. As pesquisas e descobertas de Diop, Williams, Frobenius e outros historiadores e etnocientistas tornaram Le Devoir de violence inevitável e salutar — apesar da sátira feroz de Ouologuem à Sh(F)robeniologia.* O clamor de setores da militância negra americana sobre esse aspecto do livro é simplesmente equivocado.

Le Devoir de violence marca um repúdio estudado a visões históricas limitadas. O livro reescreve o capítulo da colonização árabe-islâmica da África Negra, mas vai além da história e da ficção para levantar questões sobre a própria estrutura da

---

* Há no livro o personagem Fritz Shrobenius, sátira a Leo Frobenius (1873-1938), etnólogo alemão cujas pesquisas a respeito da África tiveram grande influência sobre o movimento da Negritude. (N. T.)

herança racial. A história aceita é confrontada com uma realidade exumada; a dialética resultante só pode levar a uma reavaliação da sociedade contemporânea e de seu equipamento cultural para o avanço racial. A dimensão intelectual dessa escrita a coloca na literatura de investigação prognóstica, apesar da abordagem negativa. A questão é implicitamente assertiva: se "a arte negra [e a cultura, a história] forjou suas cartas de nobreza no folclore do intelectualismo mercantil",[2] o que constituía a autêntica nobreza da arte negra? A trama do repúdio ganha vida diante de nossos olhos, como se uma luz brilhasse sobre ela, ativando sombra após sombra com sua iluminação vermelho-sangue. Um humor neutro e de extrema discrição alivia intermitentemente a opressão, variando do mordaz e sardônico às gargalhadas cósmicas; grandes passagens da história são postas em movimento ao mostrar o lado ridículo dos grandes. A Bíblia, o Alcorão e a solenidade histórica do griô são reduzidos ao histrionismo de meninos irresponsáveis disfarçados de humanos. Ouologuem salta freneticamente do clichê jocoso do "café com leite" para a gargalhada sádica com a indiferença altiva de um mestre de cerimônias manipulando seu turbilhão de aberrações ao toque de um pedal, parando o tempo suficiente para oferecer a seu público um pequeno ato de perversão, passando em seguida para o próximo número. Haverá um toque de ódio por si mesmo no recital "desapaixonado" de Ouologuem? A intensidade do desprezo pelas vítimas tem claramente a intenção de refletir que os torturadores estão alienados da ideia das vítimas como humanas, refletir a justificativa religiosa-imperial deles para atos de barbárie; contudo, sob esse dispositivo, suspeita-se, espreita o desconforto do próprio autor. Os epítetos são cuspidos entre dentes cerrados; o antídoto para a identificação da vítima parece ser um masoquismo evasivo — Ouologuem foi acusado de utilizar uma técnica de alienação; o contrário parece mais verdadeiro — tal nível de degradação inventiva sugere que Ouologuem está praticando alguma forma de magia literária com o propósito de autoinoculação.

Ouologuem também levou a técnica da desvalorização (por proximidade e não diferenciação) aos seus limites concebíveis. O método é invariavelmente iconoclasta; nada sobrevive nele, nem mesmo o amor ou (para sermos modestos em nossas exigências em uma obra dessa natureza) a atração física mútua. O amor de Kassoumi por Tambira (ambos servos) não pode permanecer por muito tempo na ordem natural das coisas. O costume dita que ele recorra à queima de "aparas de unhas, três cílios, sete pelos da cabeça, sete pelos pubianos etc. etc." para salpicar nas iguarias nupciais da noiva; para ele, pênis de leão moído, testículos de galo e esperma de bode são o cardápio. A obscenidade do direito do senhor à primeira noite prolonga o cinismo redutor do evento (o primeiro evento *humano* do romance) com suas queimas cerimoniais de "incenso, sublimado de cânfora, aloés, almíscar indiano e âmbar" em uma paródia de defloração. Escravo e senhor são submetidos a essas humilhações com total equanimidade; a lei do absurdo e do obsceno, até agora imposta em termos narrativos, torna-se totalmente sublimada no primeiro retrato realista humano. Esse é o primeiro momento em que o semblante de um personagem (e de um contato) individualizado emerge da trama, mas sua função é apenas confirmar e reforçar o padrão da norma estabelecida; daqui em diante, uma maior delineação humana mergulhará cada produto da história de Nakem na degradação sangrenta de seu passado e, mais profundamente, nosso pretenso personagem central, fruto dos ritos obscenos da união dos servos: Raymond Spartacus Kassoumi.

Em preparação para a peregrinação somativa europeia do jovem Kassoumi, arte, religião e conceitos culturais são reunidos na contemporaneidade para uma colisão iconoclasta final, elaborando a observação cínica de Ouologuem notada anteriormente em meio ao caos: "a abençoada união de conhecimento e moralidade é frágil".[3] A busca de Kassoumi por conhecimento (e libertação) está condenada de antemão; ele não escapará de seu passado em Nakem nem de sua atual transposição para a "Shrobeniologia" da Europa distante. As vias de possível salvação por meio da religião estão firmemente fechadas, ao ponto de atacar seus defensores modernos com a arma mais letal, a paródia. Por exemplo, suspeita-se que o delírio metempsicótico do uxoricida Sankolo pode ser lido como uma paródia orgiástica sexual da apologia transcendentalista da espiritualidade islâmica feita por Hamidou Kane. O recurso a uma metafísica autóctone, a uma "religiosidade cosmológica" ou "paisagem interior" tornou-se impossível, pois a identidade foi perdida em consequência do charlatanismo intelectual dos antropólogos europeus. O caminho nessa direção está obstruído com os detritos superficiais das escavações intelectuais. A invasão de Nakem por Shrobenious é estendida para representar a tradição da falsificação, associada a um nivelamento por baixo do mito ariano, a besta loira simbólica levada ao cio na terra degenerada da Nakem negra, naturalmente no contexto da busca mais elevada concebível para a civilização alemã — a busca pela *Kultur*! Mas, mesmo quando os conceitos de autorreversão ariana são articulados, ostensivamente para compensar a longa heresia da depreciação eurocêntrica da África negra, eles são derrubados por motivações sórdidas — ganância empresarial e oportunismo, mesmo a serviço da *Kultur*! A ideia de que o potencial revolucionário da servidão de Nakem se aproximará dessa fonte de sustento intelectual compõe a farsa. O estudo, para o jovem Kassoumi, tornou-se um "culto fanático", "o instrumento de sua libertação". Mas a qualidade de todo conhecimento possível é falsificada de antemão; pior ainda, a base de sua elevação, o sórdido sacrifício de sua mãe, paira como um miasma sobre qualquer eventual conquista. Ouologuem se supera: a mãe não só se prostitui com o feiticeiro para o sucesso de seus filhos, como é depois violentada pelos dois gorilas de Saif e em seguida assassinada (ou comete suicídio) na latrina dos escravos, com excrementos até o pescoço. O pai de Kassoumi suga carinhosamente os vermes de suas narinas!

Como é irônico que, no romance, o único episódio de uma relação conscientemente apresentada como afetuosa seja homossexual, e, contudo, como isso é apropriado à visão misantrópica de Ouologuem! Levanta questões, decerto. A terna narração do caso de Raymond Spartacus com Lambert, francês de Estrasburgo, é um afastamento tão drástico do resto da narrativa, contendo tão pouco da brutalidade anterior ou do enfraquecimento cínico, que parece um James Baldwin intensificado. Não é apenas terno, é *empático* e sincero, apesar das ocasiões em que o autor cai em si e parece se sentir obrigado a comparar o amor de Kassoumi ao de um cão açoitado, ou reconhece em Lambert um "desejo obscuro de ficar quites, de vingar-se, de ferir aquele seu negro".[4] Tais inserções são raras e até constrangidas, traindo um desejo suspeito de complicar, de manter algum nível de tensão dialética a todo custo ao explorar o contexto racial. O cálculo mercenário de Raymond Spartacus no início torna-se ambivalente, mesmo na primeira noite de cópula. Nada de errado nisso, porém o que encontramos não é luxúria — em conformidade com a história de Nakem, de pederastia, sodomia, sadismo sexual etc. — mas sim ternura. No entanto, nada até agora sugerira as inclinações homossexuais de Kassoumi. O pedido de pagamento por seus serviços de manhã soa mais patético do que comercial, sendo que, é certo, ele aos poucos adquire o status de "amante" mantido no que nitidamente não é mais um arranjo comercial, e sim de amor. Muito depois de Spartacus ter deixado de precisar de Lambert em termos financeiros, o caso é mantido por ambos. O significado desse episódio é sem dúvida elusivo, já que seu tratamento o retira do âmbito da crítica sugestiva ou do desprezo subjetivo seja pela decadência europeia, seja pelos indivíduos. Essas cadências solenes, exaltando a salvação anal dos solitários na sociedade desumana e indiferente da Europa, pertencem à prosa ficcional de Baldwin e Genet, e não podem ser integradas ao molde da literatura iconoclasta. Nem, aliás, o melodrama vitoriano da fábula de irmão-vai-para-a-cama-com-a-irmã-no-bordel. Isso se lê no início como uma tentativa de paródia, mas depois se torna o instrumento de revelações cruciais da pátria para Spartacus (e uma confirmação adicional de seu caráter abatido). A extensão do melodrama na direção da realidade neurótica do ambiente — a lâmina de barbear dentro do sabonete de bidê, que põe fim à vida de Kadidia somente uma semana depois — restaura apenas ligeiramente a consistência anterior, sendo uma extensão previsível do destino violento dos habitantes de Nakem. Mas então, pouco tempo depois, o interlúdio homossexual incongruentemente terno!

Se há alguma dúvida de que *Le Devoir de violence* deve muito de sua concepção ao desejo de combater a apologia islâmica de Hamidou Kane, a duplicação da peregrinação do herói à Europa dissipa grande parte dela e o dueto final do Bispo e do Saif — um confronto na linguagem da exegese política sombria que corresponde à exegese mística da morte na obra de Hamidou Kane — remove o restante. Mas o alcance de *Le Devoir de violence* é muito mais amplo; a obra não se dirige ao mito islâmico em específico. É um livro ferozmente partidário em nome de um imenso vácuo histórico, sendo que o vácuo dessa vez é criado por Ouologuem e não por Stoddard. E a acusação de racismo (não localizado) perde seu caráter particular pela manipulação uniforme que o autor faz do estilo retórico dos heróis lendários e suas civilizações associadas: judaica, medieval, árabe-islâmica, cristã-europeia. A precisa justaposição de orações incongruentes e de saber pietista com eventos de astúcia, duplicidade e barbárie pode parecer um artifício literário óbvio, mas, como os próprios personagens dão a impressão de estar perfeitamente à vontade nessa tradição de diplomacia floreada (francês, árabe e assim por diante), o toque organizador do autor quase não é sentido. Habilidade política e estratégias são capturadas e tornadas indistinguíveis da mera bravata do discurso da duplicidade, uma variante medieval de novilíngua. Uma cultura que reivindicou antiguidade autóctone nessas partes da África que se submeteram às suas atrações inegáveis comprova ser imperialista; pior ainda, demonstrou ser essencialmente hostil e negativa para com a cultura autóctone. Como um evento puramente sociológico, tal obra estava fadada a criar paixões violentas. Reinterpretações da história ou da realidade contemporânea para fins de autorrecuperação racial geram emoções extremas, sobretudo entre os postulantes à objetividade intelectual. O veredicto de Ouologuem é doloroso — um relato sangrento do principal rival da missão cristã na África não pode deixar de ser provocativo. Ouologuem declara que a incursão muçulmana na África negra foi corrupta, cruel, decadente, elitista e insensível. No mínimo esse trabalho funciona como um amplo esfregão na operação de limpeza para o início da recuperação racial. O rigor de sua abordagem — rejeição total e intransigente — só pode levar à pergunta já colocada: qual era o gênio autêntico do mundo africano antes da destrutiva intromissão estrangeira? E a pergunta pode ser feita hoje com confiança, apoiada como está pelas descobertas do trabalho dos etnocientistas. A tese de Stoddard é previsivelmente exposta como falaciosa; o candidato alternativo a preencher o buraco negro cultural do continente é mais um fabricante de entulho dos edifícios culturais.

É verdade que Ouologuem não se interessa por apresentar ao leitor os valores destruídos nesse processo. O positivo não atrai sua atenção recriadora, e o vislumbre que obtemos da realidade autóctone é apresentado dentro do contexto indiferenciado do oprimido e do opressor, o senhor feudal e o escravo — isto é, indiferenciado das relações políticas posteriores do colonialismo árabe e europeu. Ouologuem fala de fato de um "colonialismo negro".[5] A premissa dessa expressão é suspeita e afetou os conceitos de Ouologuem sobre a realidade pré-colonial da sociedade africana. Uma condição social na qual os semitas (embora negros e pré-islâmicos) são senhores e os africanos negros são os escravos deixa ainda insatisfeita a curiosidade básica sobre a realidade histórica negra. Somente em *Two Thousand Seasons*, de Ayi Kwei Armah, tenta-se abordar esse aspecto; mas mesmo aí sua validade não se baseia tanto em verdades objetivas quanto no cumprimento de uma das funções sociais da literatura: a reconstrução visionária do passado com o propósito de uma direção social. Na obra de Armah, não há ambivalência de intenção, nem de reconstrução histórica.

O fardo eurocêntrico da África negra atinge a identificação completa, na obra de Armah, com o colonialismo árabe-islâmico. Os escravocratas árabes são chamados de homens *brancos*, não apenas na narrativa como, mais importante ainda, enquanto a definição característica, por aqueles africanos cujas subjugação e luta pela libertação compõem a história. As imagens de Armah reforçam essa perspectiva geral sobre a presença árabe: o emprego do deserto branco como símbolo de uma sucção insaciável da vida, cedendo em troca apenas ossos e vazio; essa imagem branca da morte se casa com a outra brancura predatória: vermes brancos que vêm dos mares em enxames, os escravistas europeus. As teologias de ambos os grupos de intrusos são interpretadas por meio de metáforas paralelas que negam a vida; ambas as culturas são equiparadas a sistemas para os quais a depravação humana é não apenas natural mas essencial. O anti-humanismo da escravização em massa de outros seres nem mesmo fala por si; Armah está ansioso para que não se perca a colaboração teológica nessa orgia de bestialização. Como se em resposta a Lothrop Stoddard, ele declara:

Não achamos que esse truque de mentir seja do nosso agrado, o truque de inventar um conhecimento seguro das coisas possíveis de se pensar, coisas possíveis de se perguntar, mas impossíveis de se conhecer de qualquer maneira definitiva. Não somos atrofiados no espírito, não somos europeus, não somos cristãos para inventar fábulas das quais uma criança riria e endurecer nossos olhos a fim de pregá-las dia e noite como verdade. Não somos tão pervertidos de alma, não somos árabes, não somos muçulmanos para fabricar um deus do deserto cantando a loucura nos lugares ermos e chamar nossa criatura de criador. Não é assim que fazemos.[6]

Mais uma vez, devemos tentar colocar essa veemência incomum contra todo o seu pano de fundo. A busca e a consequente afirmação da psique cultural negra começou como resultado da propagação deliberada de inverdades por outros, tanto por motivos racistas quanto para disfarçar sua incapacidade de penetrar nas complexas verdades da existência negra. Cheikh Anta Diop e Chancellor Williams chegam ao ponto de acusar seus colegas europeus não apenas de uma falsificação deliberada da história (como interpretada), mas de supressão e falsificação de evidências históricas. A reinterpretação feita por Diop das evidências para a história da civilização chega ao ponto de questionar a origem da cultura europeia e do Norte e ressituá-la no Sul, no berço negro. (Diop simplifica a divisão das raças em duas — a do Sul, negra; e a do Norte, branca, árabe ou europeia.) O indivíduo senciente, por sua vez, deve ser constantemente lembrado como alguém que vivenciou histórias que sabe não serem suas e cujo sentido de identidade é instável, consistindo de fato no processo de reconciliação com a história de outros, em conflito com seu próprio ser cultural e étnico reprimido. Trata-se de um senso ativo de identidade; onde o etnocientista para é onde a energia recriadora assume: ambas as atividades são aspectos uma da outra e se complementam. O contrário, é preciso lembrar, também é verdade. O etnólogo eurocêntrico tem sido complementado durante séculos pela literatura europeia, desde a imaginação elisabetana até escritores como Rider Haggard e Kipling, sem mencionar os fabricantes de imagens do cinema euro-americano. Nem tudo tem sido uma deturpação grosseira e óbvia; algumas representações foram bem-intencionadas, enquanto outras se inspiraram em obras de pesquisadores e escritores negros. Bolaji Idowu produziu trabalhos excelentes; contudo, em *Olodumare: God in Yoruba Belief*[7] faz questão de provar que os iorubás acreditam em uma Divindade Suprema, uma inferência dominante que constituiria uma prova do alto estágio de desenvolvimento do povo iorubá. Tal critério de desenvolvimento, é preciso acrescentar, é inteiramente eurocêntrico.

A proliferação de tais mitos e sua aceitação implícita ainda hoje no continente africano deve ser vista e entendida como pano de fundo das obras em discussão. Deixar de olhar o processo de recuperação racial como um todo abrangente, de olhar o processo anticolonialista como aquele que termina com ramificações muito maiores para a sociedade *em profundidade* do que a rejeição de *um* conjunto de valores autoafirmativos, sugere uma falta de fé na matriz da sociedade que precedeu as distorções violentas, ou uma tentativa inconvicta de redescobri-la e reexaminá-la. A rejeição do íncubo eurocêntrico que tem sido a preocupação quase exclusiva da escrita criativa africana por meio século não pode, junto a um povo inteligente, deixar de responder a mais perguntas do que formulou no começo. Revoluções políticas de natureza restauradora em termos raciais — como a derrubada da autocracia do sultanato em Zanzibar por um movimento nacionalista africano autóctone — têm consequências muito além daquelas de mudanças violentas similares na autoridade política em outras áreas. Que o Partido Afro-Shirazi sob o xeque Karume tenha mais tarde se tornado tão suspeitosamente repressivo quanto o imperialismo estrangeiro que derrubou é outra questão, um fato infeliz de mudança política que não se limita à África. O que realmente nos concerne aqui é que eventos políticos como os que aconteceram em Zanzibar ou no Sudão são componentes do mesmo molde de pensamento e expressão que a literatura do agora irrequieto produto moderno de séculos de imposições históricas estrangeiras. O longo silêncio ignominioso dos líderes africanos sobre a insurreição de Anya-Nya, no Sudão, hoje resolvida, é infelizmente o parâmetro enganoso pelo qual a maioria julga a verdade de tais expressões de vontade autêntica de identidade. Falta sempre aquela disposição à compreensão que reconhece nos vários modos adaptativos de expressão aspectos da mesma luta crucial por uma reafirmação de si mesmo e da sociedade. Cheikh Anta Diop, Sheikh Karume, Ouologuem, Ayi Kwei Diop, Armah, Anya-Nya? Um movimento de cabeça atordoado que significa — Nenhuma Conexão. Mas como o intelectual pode ser culpado quando os líderes nacionais banalizaram o essencial com slogans diversionistas abrangentes como uma *"authenticité"*? Ayi Akwei Armah não se furta a retratar a existência oportunista de tais "reis" em sua contribuição para a busca de uma direção social.

É a atenção de Armah para detalhes críticos, como os falsos profetas da recuperação, que resgata a obra de seus excessos menos defensáveis. Pois, quando todas as desculpas foram dadas e a *inevitabilidade histórica* desse gênero de escrita foi totalmente aceita, ainda resta um sentimento de desconforto com a linguagem real de confronto e os dispositivos dramáticos nos quais as vítimas da ira do autor estão presas. Ao contrário de Ouologuem, no entanto, a obra de Armah tem um compromisso profundo com a substituição de outra visão da história *ativa*, com a recriação de perspectivas humanísticas como alternativas inspiradoras para a sociedade existente. Sua visão conscientemente não obedece a nenhuma doutrina religiosa herdada ou imposta nem à ética que a acompanha, liberta-se de filosofias emprestadas em sua busca por um ideal unificador e harmonizador para uma humanidade distinta. Como não é possível suspender a consciência desses objetivos integrados na narrativa, o recuo da linguagem do humanismo torna-se às vezes particularmente opressivo. Há um contentamento, uma ascendência imprudente do tema da vingança em passagens como estas:

> Veio um Ramadã, a temporada da hipócrita autonegação dos predadores. Seguiu-se o tempo que eles chamam de Eid, tempo da lua nova de seu ano novo. Após um mês de devoção e abstenção públicas, os predadores voltaram a se lançar em suas costumeiras orgias de comida, drogas e sexo. Dessas orgias, lembramos a maior e, para esses predadores em particular, a última.

Hussein, irmão gêmeo de Hassan, o Sifilítico. Há muito tempo Hussein havia desistido da tentativa de encontrar um caminho para o seu falo entrar nos órgãos genitais de qualquer mulher. Sua língua sempre foi seu mais verdadeiro desbravador. Então, depois de se mover com os outros no esquecimento de um entusiasmo genital momentâneo, ele havia voltado a pôr tâmaras amanteigadas em sua imensa pança, tâmaras amanteigadas extraídas dos buracos de três mulheres, uma de cada vez. Na terceira rodada, o circuito estava deixando Hussein tonto. A terceira mulher então segurou a cabeça de Hussein em uma carícia terna. A segunda, num gesto cheio de amor, enfiou uma faca lisa, sólida e bem afiada no pescoço de Hussein, em um espaço macio entre os búzios sobre sua espinha. A primeira mulher golpeou a cabeça desarticulada com afeto, pressionando-a firmemente para baixo para que o primeiro grito rouco da garganta saísse um som abafado de alegre luxúria. Então a primeira mulher levantou a cabeça gentilmente, para dar vazão ao sangue quente em sua descida silenciosa da boca aberta do predador.

Eis como Hassan morreu: no auge de sua alegria desatenta, uma sétima mulher desconhecida para ele, mas conhecida das outras seis, trouxe um chifre furado em sua extremidade menor, assim como na maior, e inseriu a extremidade menor no reto do árabe. Hassan ficou radiante. Uma torrente de agradecimentos e louvores jorrava de sua boca, dirigidos ao deus benfeitor dono de escravos que tão atenciosamente providenciara esses meios requintados para completar seu prazer, quando sentiu algo extra atingir o revestimento de seu reto. Era mel misturado com óleo de lamparina, a mistura aquecida para além da fervura. A benfeitora imprevista de Hassan derramou uma dose transbordante do líquido doce em seu traseiro.⁸

Nas depravações dos invasores árabes da África, nas horrendas formas de eliminação que o autor imagina para eles, fazendo suas perversões favoritas se transformarem em um tipo de justiça sexual, a sensibilidade humana tende a recuar um pouco. Seus irmãos, os vermes brancos vindos do outro lado do mar, não se saem melhor. A um grupo Armah chama de predadores; ao outro, de destruidores; ambas as aves de rapina são cobertas com as mesmas penas. Pelos olhos dos autóctones, os *askaris*,* os guardas do harém, os atravessadores, os fugitivos, encontramos todos os estrangeiros apenas como exploradores desumanos; não há graça redentora, não se permite a nenhum evento estabelecer a exceção.

Apesar disso, *Two Thousand Seasons* não é um tratado racista; o tema central é por demais positivo e dedicado, e seu ataque feroz à contaminação estrangeira logo se concretiza como um exercício preparatório para a libertação da mente. Uma mente receptiva e limpa é um pré-requisito para sua mensagem ideológica, e não há dúvida de que a obra foi projetada para o público específico da própria raça de Armah. O que ele lhes oferece agora é "o caminho", "nosso caminho". É verdade que, para além do método de contrastes, além da utilização da fertilidade e regeneração em oposição à estéril insaciabilidade do deserto, além de seu resumo na palavra (muitas vezes recorrente) "reciprocidade" e sua "conexão" atributiva, o Caminho não é especificado muito dis-

---

* "Soldado", em diversas línguas africanas e orientais. (N. T.)

tintamente. Mas aprendemos que esse é o caminho da vida, enquanto os outros são o caminho da morte. O objetivo do Caminho não é alcançável por mera compreensão passiva; é ordenado com base na destruição, para todo o sempre, das agências de oposição. Essa é a missão principal. A terra limpa e nua, uma virgindade restaurada e receptiva, está em conformidade com o próprio dispositivo progressista de Armah. De fato, ele parece ter empreendido essa destruição literária preliminar da oposição identificada como uma atividade paralela ao esquematismo do romance. Mas, com exceção das declarações ocasionais de seus videntes — o idoso Isanusi e Adewa, a virgem mística —, o Caminho permanece uma ideologia nebulosa e indefinida; é a ação que o define, bem como os princípios norteadores debatidos pelos protagonistas.

Progressivamente, as áreas apagadas da harmonia ética, há muito obliteradas pelas imposições de estruturas estrangeiras, são preenchidas. Ayi Kwei Armah afirma um passado cuja filosofia social era um igualitarismo natural, desvendando eventos que produziram acréscimos posteriores da ética materialista para reforçar o caráter antinatural, a anormalidade dessa última. As ações de seus protagonistas visam o resgate daquele passado, porém mais uma vez Armah insiste que esse passado não é nostálgico ou sentimental. Ele é apresentado como um estado que encarna um ideal racional. Armah vai ainda mais longe; ações e motivações são deliberadamente tomadas para colocar tais anseios (por um passado nostálgico) em um contexto de traição ao objetivo maior; como autoengano, autodestruição e insensatez geral. Da mesma forma que o retrocesso materialista da moderna política africana é um alvo implícito do ataque selvagem do autor, também o romantismo da Negritude é atacado em retratos associativos.

Os membros de um grupo de iniciação que foi traído por seu próprio rei em favor de um escravagista branco (europeu) libertaram-se do barco ainda nas águas costeiras. Eles escapam, fogem para a floresta e se engajam na guerrilha contra os "destruidores". No processo, também libertam outros grupos, aos quais é oferecida a opção de retornar para suas casas ou se juntar a seus salvadores na luta de libertação. O aviso de Armah é que o verdadeiro inimigo deles, os eternos atravessadores entre sua própria espécie, está apenas esperando para vendê-los novamente. Aqueles que não conseguem reconhecer essa realidade encontram seu destino, como previsto. A ação física torna-se uma parábola da nostalgia paralisante que arrasta a sociedade de volta a um passado irreal. Esse é um dos temas mais fortes do livro. E tais anseios contrastam com uma preparação planejada e propositada para um retorno a Anoa, o lar original do bando de fugitivos; o caminho físico para lá está, assim, separado do caminho ideológico. A monarquia é silenciosamente minada por sua reconstrução histórica: o passado dos reis não é o passado real; a posição dos reis é revelada como parte da ruptura histórica, fantoches trazidos à existência por meio da ação dos saqueadores que chegavam e que precisavam de figuras marionetes de autoridade arbitrária para barganhar por escravos e monopólios comerciais, mercenários que poderiam ser armados, apoiados a fim de atacar quer povos vizinhos, quer seus próprios súditos. O ideal universalmente aplicável é a todo instante verificado pelo recurso a tais exemplos históricos conhecidos. A moldura do absurdo é usada para quebrar noções antissociais, como a santidade da propriedade: "Pela primeira vez entre nós, um homem tentou transformar a terra em algo separado e possuído. Perguntou-se o que os gananciosos pensariam em possuir em seguida — o ar?".[9] Para o africano moderno que viu o princípio da propriedade comunal da terra desmoronar ante a marcha voraz do monopólio do desenvolvimento, o processo parece, afinal, reversível. Mas Armah é muito realista: "Um vingador desconhecido o mandou ir depressa enfrentar a ira de seus ancestrais, mas isso não foi o fim da ganância dos reis".[10]

É claro que existem sérias fraquezas no livro. A longa abertura com sua caça ao vidente, algumas vezes se rompe, e o estilo de prosa de Armah não está à altura da tarefa de captar a ação e torná-la totalmente convincente. Essa fraqueza muitas vezes tende a fazer com que o livro seja lido como uma história de aventura. Mas seus protagonistas permanecem visionários convincentes da sociedade, sobretudo porque Armah não faz concessões nesse livro incomum, nem mesmo à retórica da revolução à qual escritores menores sucumbem tão prontamente. Sua visão é secular e humana, desprezando tanto a flatulência da piedade religiosa quanto sua agressividade proselitista, insistindo em uma estrita seletividade do passado na concepção do futuro. Há uma impaciência evidente com o estado de enervação racial que é a interpretação de Armah da submissão inconteste à história, à religião e à cultura impostas e à consequente autodefinição exteriorizada. O mais notável de tudo em um livro que está longe de ser reticente em sua descrição da violência é a insistência de Armah em uma integridade revolucionária, uma recusa em ser obrigado a promover a retórica cada vez mais em voga da violência por si mesma. O fundamento dessa cautela física está na matriz de uma filosofia que ele extrai de um passado agora familiar e que cria uma condição para um futuro viável. Esse recurso humanista à proporção e ao princípio de totalismo no resumo do livro racionaliza a natureza da luta. Violência, morte, destruição e sacrifício são aceitáveis, mas a parte, a moção ou o ato não pode ser elevado acima do todo:

> Não fazemos elogios às armas. O louvor das armas é o louvor das coisas, e como devemos chamar a alma rastejando tão baixo, alma tão oca que encontra satisfação no louvor de meras coisas? Não são coisas que louvamos em nossas palavras, nem são as armas que louvamos, mas a própria relação viva daqueles unidos no uso de todas as coisas contra o domínio branco da morte, pela vida da criação. [...] Qualquer coisa, qualquer relação, qualquer consciência que nos leve por caminhos mais próximos ao nosso, qualquer coisa que vá contra o império dos destruidores brancos, essa coisa é bela, só essa relação é verdadeira, essa consciência sozinha tem satisfação para a mente ainda viva.[11]

A visão secular na escrita criativa africana é particularmente agressiva onde quer que combine a recriação de uma visão pré-colonial africana de mundo com a elicitação de seus elementos transponíveis para um potencial moderno. O processo pode ser explícito, como em *Two Thousand Seasons* de Armah, ou, como em Sembène, pode contar com a capacidade de projeção do leitor. O conhecimento compartilhado do que existe agora e o pressuposto prévio de um leitor subjetivamente sintonizado com os significados das comparações feitas é parte do arsenal do romance que, dependendo das moralidades dos conflitos e eventos, dispensa a necessidade de apresentações utópicas. Assumindo um público leitor menos empático, continua a ser uma ameaça potente, porque seu paradigma justificador foi tecido a partir da herança autêntica daquela sociedade. Quanto maior o realismo, mais perigoso parece ser: quando, como em Sembène, o assunto é uma realidade histórica recente, o autor pode esperar ser classificado como um risco à segurança. Às vezes, devido à aparência estática das moralidades sociais do romance, ele é descartado como inofensivo — a obra anterior de Armah, *The Beautyful Ones Are Not Yet Born*,[12] pode ser posta nessa categoria. Apesar de suas críticas aos valores sociais e da busca por eles em um período particularmente delicado da história pós-colonial de seu país, sua condenação da corrupção social interna, porque expandida em dimensões quase metafísicas, pode não despertar, além de protestos banais contra "retratos pouco lisonjeiros" de uma nação jovem, nenhuma ansiedade nas instituições, como a que poderia surgir de uma visão social de enfrentamento direto. A visão está lá, porém, e talvez seja mais sutilmente subversiva do que em seu trabalho posterior e explícito, *Two Thousand Seasons*. A visão de *The Beautyful Ones* talvez não seja mais do que uma aspiração, uma esperança piedosa simbolizada na imagem final do romance — "uma única flor, solitária, inexplicável, muito bela" no centro da inscrição na traseira de um caminhão de transporte de passageiros onde se lê: THE BEAUTYFUL ONES ARE NOT YET BORN [Os belos ainda não nasceram]. Essa sugestão pessimista carrega a possibilidade de sua própria contradição esperançosa, um somatório exato da sociedade muito bem compreendida por Armah e expresso na ação principal do livro por meio do representante solitário e sitiado das possibilidades morais, o personagem central (e seu amigo, o Mestre). Há também o presságio esperançoso inerente do colapso físico e moral dos "não belos", à medida que a história se vinga deles. Sem nos enredarmos na metáfora apropriadamente escatológica de Armah, há uma prontidão de associação que transfere a imagem da flor para uma gênese excrementícia, personalizando seu simbolismo no caráter do herói sem nome.

Depois desse trabalho, Ayi Kwei Armah teve que tentar fazer o "belo" nascer na progressão criativa de *Two Thousand Seasons*. Ousmane Sembène desempenha um papel semelhante de parteira em seu *Pedaços de madeira de Deus*, uma poderosa reconstrução de uma greve de trabalhadores ferroviários africanos em 1947. É uma obra que vai além da mera narrativa em sua delineação meticulosa das forças e fraquezas humanas, do heroísmo e da solidariedade comunitária, atingindo níveis épicos. Como acontece com todos os bons épicos, a humanidade é recriada. A comunidade social adquire dimensões arquetípicas e os heróis tornam-se divindades. Até Penda, a prostituta, tem uma apoteose.

O remoto e enigmático Bakayoko é uma criação prometeica, um substituto para divindades desgastadas que têm a infelicidade de perder sua relevância em um mundo colonial. Amoral no sentido mundano da palavra, parece ter sido esculpido como puro intelecto e onisciência. Não apenas porque a Voz Islâmica estabelecida na comunidade se mostra traiçoeira e reacionária, mas porque é retratado como um ser que compreende e controla o futuro (ou pelo menos o caminho em direção a ele), Bakayoko suplanta toda autoridade moral existente e forja, através de sua vontade inflexível, a comunidade única da Linha Ferroviária, transformando-a em uma força que rouba o poder da outra divindade, a Super-realidade Colonial. É evidente que o retrato de Bakayoko é de certa forma romantizado — por necessidade. Ele é um homem misterioso, irresistível para as mulheres e dominador para todos. Para a criança precoce Ad'jibid'ji, ele é a perfeição, manifestamente superior a toda a humanidade ao seu redor. E representa um mundo dotado de talento que ela sente apenas de modo vago. Bakayoko tende ao poético, e sua percepção do mundo decorre de sua própria grandeza inata: "Ela se parece com as máscaras de bronze de uma deusa de Ifé",[13] observa sobre a garota cujo coração ele está prestes a partir. Assim, o mundo e seu povo são constantemente transformados pelo reflexo de seu brilho. Mas Bakayoko não é uma divindade que anda nas nuvens; sua força reside em um lugar realista entre a carne e o sangue de uma humanidade em guerra. Os toques de costumes e relacionamentos tradicionais são sutis, mas reveladores; nunca lhes é permitido abrigar uma suspeita do exótico: eles emergem naturalmente das realidades que cercam o personagem. Assim, no comício crucial em Dacar, pouco antes de subir ao palanque uma velha se aproxima e pergunta se ele ainda tem mãe. Bakayoko diz que não. "A partir de hoje", diz ela simplesmente, "serei sua mãe. [...] Se você ficar em Dacar, meu filho, venha morar comigo. Sempre haverá um lugar para você."[14]

Tomamos consciência de que há uma nova sociedade em processo de nascimento. A ideologia de Sembène está implícita, ele não permite a intrusão retórica dela, e sim a torna orgânica ao processo de nascimento. A estratégia de luta determina uma única resolução ideológica, a ser traduzida como quiser o leitor. Uma disciplina igualitária foi instituída sobre a comunidade pelos objetivos e provações da greve, pelo conhecimento da indignidade colonial com sua imposição de um status inferior aos autóctones, sua discriminação salarial e instalações sociais inadequadas. Apesar de se falar em livros, da ampliação do conhecimento estrangeiro e da parafernália usual que acompanha o processo de doutrinação externa, a ênfase na regeneração social é cuidadosamente colocada nas propriedades éticas intrínsecas da sociedade existente, sua adaptação e relações universais. Eventos-chave são gerados por esse processo adaptativo, fazendo da revolução e das estruturas sociais emergentes um processo de crescimento que pode ser descrito como verdadeiramente autóctone. Assim, o julgamento de Diara, o fura-greve, se transforma, tanto em sua origem como em sua resolução, em um processo de educação para toda a comunidade.

A angústia de Tiemoko, secretário do comitê de greve em Bamako, é um símbolo de todo o processo. Sua preparação meticulosa, somada a suas dúvidas sobre o julgamento do ancião Diara, é patética e até cômica, mas muito se assemelha à angústia do nascimento. As medidas anteriores contra os fura-greves provaram ser inadequadas; esquadrões de comando para aplicar surras nos recalcitrantes parecem temporários e artificiais; Tiemoko tateia instintivamente em direção ao seminal. Ele o encontra nas práticas ausentes de seu povo, guiado para essa apreciação por uma adesão aos códigos de conduta tradicionais, nos quais ele não encontra nenhuma contradição com as lições seletivas de Bakayoko de saberes externos. "Não é necessário estar certo para argumentar", ele entoa como uma ladainha, "mas para vencer é necessário ao mesmo tempo estar certo e nunca vacilar."[15] A citação é de seu repertório estrangeiro, mas, simultaneamente, ele se recusou a se afastar das normas que representam para ele um fundamento tradicional de coesão comunitária: "Olhe, Sadio, seu pai é irmão do meu pai; você é meu primo. Sua honra também é minha; a vergonha de sua família é de minha família, e a mesma de todo o nosso país, a desonra de todas as nossas famílias juntas. É por isso que não podemos bater em seu pai".[16]

Essa recusa, entretanto, revela-se mais tarde como não sendo um acordo nepotista; ela deriva da adequação da natureza da punição à ideia do ser humano como indissociável de seu contexto social, não como cifra em uma fórmula revolucionária. O filho de Diara realmente considera a punição alternativa muito mais severa do que a surra. "Prefiro morrer", declara. Por sua vez, Tiemoko, que pôs em marcha todo o processo e o leva a uma conclusão, declara ao pai de Bakayoko (e nós acreditamos nele): "Se fosse meu próprio pai, eu o faria, Fa Keita; eu juro sobre o túmulo de meus ancestrais! E se fosse você, Ibrahim Bakayoko, faria a mesma coisa".[17]

Quando finalmente convenceu seus colegas de comitê da conveniência desses métodos, ele irrompe em brados um antigo hino bambara ao fundador do império do Mali, o Sundiata. Estamos sendo introduzidos à fundação de um estado ideológico, com base nas estruturas humanas e éticas do passado. A complementaridade mútua é constante; Sembène, chamando a atenção educativa para os valores positivos de uma "forma de pensar" entre os *toubabs* (os estrangeiros brancos), funda sua nova sociedade sobre o positivo na consciência tradicional. O famoso tribunal que é convocado a partir da lembrança de Tiemoko de práticas semelhantes em "um livro escrito na língua do homem branco" deixa o pronunciamento de um veredicto para a sabedoria tradicional, de modo impressionante e eficaz. Fa Keita, que propõe esse veredicto, é apenas incidentalmente um homem de profundos valores religiosos, um muçulmano e a antítese do colaborador boa-vida El Hadki Mabigue. Os procedimentos se mantêm seculares. A declaração de Fa Keita nesse julgamento não se inspira na sabedoria religiosa, mas em uma psicologia humana perspicaz e na crença nos valores que estão desaparecendo de uma tradicional "estrutura, uma ordem que era nossa", cuja existência era "de grande importância em nossas vidas". Ele acerta no tom da mensagem, e a comunidade adota silenciosamente seu veredicto.[18]

Como acontece na maioria dos escritos que se preocupam com o processo de uma revolução orgânica, os agentes coloniais, embora constituam um componente importante do conflito, recebem apenas uma atenção relutante. Sua aparência é reduzida em escala para ampliar a emersão positiva dos autóctones. Embora sua presença e suas ações preparem o terreno para o conflito, eles são reduzidos às relações proporcionais de catalisadores; seu destino não interessa ao autor, exceto na medida em que possa, por contraste, iluminar as virtudes da nova visão da sociedade. Sembène representa aqui um contraste a Ayi Kwei Armah, cuja operação de remoção de ervas daninhas para as fundações da nova cidade dá uma proeminência venenosa à existência do obstáculo estrangeiro. Nem mesmo o sadismo do mestiço racial Bernadini sobrevive à realidade avassaladora da comunidade da Savana de Sembène. O estoicismo de suas vítimas é a imagem que fica, assim como sua fraqueza e sua traição interna no confronto com a repressão colonial. A única concessão de Sembène à justiça de retaliação parece ser expressa — novamente em contraste com Armah — na ilustração objetiva fornecida pelo desenlace da marcha sobre o "Vaticano", o bairro europeu, ou seja, no fato de que o opressor colonial carrega consigo as sementes de sua própria destruição. Ao conseguir tão bem tornar a presença branca irrelevante para os processos mais profundos da história de um povo e para a reformulação de sua identidade interrompida, Sembène parece corroborar as palavras da Lenda de Gouba, a canção com a qual, significativamente, ele encerra o romance:

> De um sol para outro
> O combate durou,
> E lutando juntos, cobertos de sangue
> Eles paralisaram seus inimigos
> Mas feliz é o homem que luta sem
> Ódio.[19]

Usaremos Camara Laye para resumir esse processo de recuperação artística, embora vários críticos africanos tenham conseguido tornar a sua obra controversa. Para recapitular brevemente, a imaginação secular recria a mitologia existente (ou demonologia, de acordo com Stoddard). Visto que mesmo o mundo mais esotérico de símbolos, ética e valores deve ter origem em algum lugar, as imagens autênticas da realidade africana fornecem a tais escritores uma liberação imaginativa decisiva. Elas são familiares e estão à mão; elas não são governadas por rígidas ortodoxias, como as obtidas nas matrizes de símbolos de orientação islâmica e cristã; um

Ideologia e a visão social (II): O ideal secular

sincretismo natural e o processo contínuo dessa atividade são a realidade dos sistemas metafísicos africanos; a natureza proteica dos símbolos da metafísica africana, expressa no idioma das deidades, eventos da natureza, matéria ou artefatos, é uma bênção óbvia para o fluxo total da imaginação. Essas são razões suficientes para que os escritores africanos tenham começado a se ajoelhar cada vez menos para os altares literários islâmicos ou cristãos, apesar dos seus inegáveis atrativos. O fundamento das explorações sociais do escritor e das exposições destas, sua posição histórica e exploração visionária, não pode ignorar por muito tempo essa safra particular; de fato, o processo já começou. A infusão, por parte de Camara Laye, das propriedades místicas dos próprios instrumentos do ofício, a relação manifesta entre carne, palavra, atividade e o mundo objetivo, cria uma harmonia cosmogônica total ao longo de sua obra elegíaca *O menino negro*.[20] Esta é uma exposição hábil da visão de mundo africana e difere radicalmente das outras às quais já nos referimos. Se fosse possível, usaríamos a expressão "visão de mundo" em vez de "religião" onde quer que as revelações estéticas dessa literatura estejam em consideração, pois a expressão é mais evocativa de aceitações cosmogônicas fundamentais, em especial para a realidade africana. Em contraste com o que seria chamado de processos estritamente religiosos em outras sociedades, a harmonização das funções humanas, fenômenos externos e suposições sobrenaturais dentro da consciência individual emerge como um processo normal de autoajuste no temperamento da mente africana. Onde, por exemplo, a mediação do ritual é necessária, ela é realizada como uma atividade humana (comunal), e não como um ato de culto dirigido ao espaço. Isso é o que leva à preferência por uma "visão de mundo", um totalismo cósmico, em vez de uma "religião". E a literatura que se baseia nessa concepção difere de outras ao trair uma exaltação de relações em constante rotação entre o homem e seu ambiente em detrimento de um rígido padrão de existência ordenado por divindades exteriorizadas.

De maneira menos óbvia do que em *O menino negro*, *Le Regard du roi*[21] marca a exposição resumida dessa visão. Escalando um forasteiro, Clarence, para o papel central, Camara Laye passa a extrair uma quintessência de valores de uma visão de mundo muito maior e certamente mais variada da África tradicional do que foi possível em seu romance semiautobiográfico. O processo traz uma revalorização implícita, um empreendimento revolucionário no contexto da literatura existente sobre a África em sua época. O dispositivo em si é uma inversão do esperado; o explorador dos confins desconhecidos africanos é um anti-herói, uma figura anti-Shrobenius, que não está autorizada a interpretar o continente para seus habitantes. O território permanece sem localização, as especificidades antropológicas são ignoradas; a mitologia privada de Camara Laye preenche o terreno, utilizando normas críveis de relações sociais. O evento central é na verdade um processo de educação: a forma ocidental de racionalidade de Clarence não pode ser aplicada aos sistemas que ele encontra; seus valores são inúteis, suas habilidades, irrelevantes. No entanto, o sistema funciona para os membros da comunidade, ele harmoniza, comprovadamente, oferece realização para o indivíduo dentro da sociedade e liga o homem e seu ambiente em uma existência complementar. Clarence descobre que sua autoavaliação não corresponde às necessidades e julgamentos desse ambiente estranho. Sua autoestima vai sendo corroída, seu preço cai rapidamente, até que por fim ele está preparado para aceitar qualquer tarefa, por mais servil que seja — "até mesmo a de um tocador de tambor". Sua educação, no entanto, ainda está incompleta. Tocar tambor, ele aprende, é uma arte altamente complexa, envolvendo seleção cuidadosa, treinamento e hierarquias, incluindo sua integração funcional na compreensão abrangente da sociedade. Acima de tudo, ele mergulha na essência das coisas, das quais só o aparente, o concreto pode ter sentido. E como pode ele, uma sensibilidade branca (estrangeira), esperar em algum momento extrair do tambor aquele mundo interior de significado? Embora o terreno de ação não seja localizado, Camara Laye emprega aparatos expositivos de arte e funcionalidade para dar corpo ao seu misterioso mundo africano. Os cerimoniais de realeza servem para esse fim, entre outros. Assim é o credo da criatividade do ferreiro Diallo, talvez um pouco inibido, mas ainda parte da tentativa de evocar a dimensão "essencial" das manifestações criativas, por exemplo a que subjaz à figuração de uma divindade na escultura africana.

Purgado finalmente da maioria de seus acréscimos culturais, Clarence descobre que o que ele foi levado a crer ter sido um período de expectativa impaciente, mas confortável, do rei era de fato o período de sua produtividade. Sem que soubesse, ele cumpriu seu destino em sua nova sociedade, o de um garanhão no harém do *naba*, a quem um astuto mendigo o havia vendido como escravo. Uma interpretação tentadora desse episódio é que Clarence apenas cumpriu o destino histórico do colonizador branco, a difusão de manchas de cultura miscigenada no continente. Ou talvez Camara Laye tenha decidido fazer uma reviravolta nos sermões de simbiose cultural como os de Senghor, de modo que o fermento agora é branco (ainda metálico?) e a massa é preta.

As realidades desse mundo africano não são de forma alguma desodorizadas, embora a linguagem das trivialidades mundanas muitas vezes adquira toques de importância mística. O objetivo central de Camara Laye é o restabelecimento de uma realidade cultural coesa, com sua validação implícita e impermeabilidade a qualquer explicação por meio de visões de mundo externas. A lógica que mantém o discurso coeso é um misto do zen e dos enunciados gnômicos de adivinhação africana — Ifá, talvez? A penetração no mundo africano de Laye só é possível a partir de uma imersão passiva em sua realidade; cada manifestação aparentemente díspar dessa realidade é indispensável para a plenitude de sua separação do mundo ocidental e da tradicional concepção unidimensional da realidade africana, uma criação em grande parte antropológica. Esse último atributo da reconstrução de Laye é, claramente, tão importante para o autor quanto seu confronto com um sentido ocidental da realidade. Esse ponto foi esquecido por vários dos críticos de Camara Laye; ou talvez não. O desafio implícito mesmo para o autóctone do mundo africano talvez seja inaceitável, a saber, que ele mergulhe mais fundo na essência daquilo que ele tão prontamente toma como certo. Isso ameaça sua própria segurança imaginativa, seu confiante senso de identificação e de pertencimento. O mundo de William Conton em *The African* é, para esses críticos, um mundo mais verdadeiro, menos exigente, verificável a partir de estatísticas em folhetos turísticos.

Ideologia e a visão social (II): O ideal secular

Algumas das restrições ao trabalho de Laye são decerto verdadeiras. Partes do romance são demasiadamente derivadas de outros autores, em especial de Kafka. Certa vez, um crítico em uma mesa de conferência soltou uma exclamação angustiada que reconheci como vinda do coração: "Como pode um africano escrever como Kafka?". A resposta é: por que não? Mas isso não demanda ser tão pouco original a ponto de tornar possível, como em *Le Regard du roi*, de fato apontar transposições de personagens. Contudo a prescrição desse crítico para o antikafkiano foi, como a dos críticos mais persistentes de Camara Laye na *Présence Africaine*, a apresentação da sociedade africana onde cada pedaço de palha é delineado com clareza e cada canção de louvor real está disponível em gravações da Unesco. *Le Regard du roi* transcende o meramente aparente, as bicadas na antropologia, para construir uma existência quase mitológica com a essência da realidade. Ao apresentar um modelo perdido ou oculto, ele postula um paradigma da realidade africana mais profunda, um paradigma misterioso e complexo, em oposição ao simplista e naturalista, ao imediatamente. Em uma de suas raras respostas aos seus críticos,[22] Camara Laye afirma que se preocupou em extrair certos valores da sociedade africana tradicional. Ao destacá-los como uma afirmação da civilização negra, estava, segundo ele, iniciando um processo de revalorização que, por sua vez, foi revolucionário na situação anticolonial. Isso foi dito em referência a *L'Enfant noir*. "O que mais me preocupa é a qualidade atemporal dos valores específicos da nossa cultura." A elicitação dessa "qualidade atemporal" é a metodologia desse último trabalho. Apesar da efusão mística no final, a estética do romance é secular, baseada nas harmonias das relações sociais e funções humanas. *Le Regard du roi* continua sendo nosso primeiro esforço imaginativo em direção a uma estética literária moderna que é inquestionavelmente africana e secular.

A QUESTÃO DEVE SER ENFRENTADA AGORA: como se dá que, apesar das virtudes de autoapreensão exaltadas nessas e noutras obras, seja possível nutrir uma atitude hostil em relação ao resumo programático na visão secular da Negritude? Não há qualquer dessas obras cujos ideais não possam ser interpretados como a realização dos princípios de recuperação racial que estão incorporados no conceito de Negritude, ainda que esta continue a despertar mais do que uma mera impaciência semântica entre a geração posterior de escritores e intelectuais africanos, além de — que isso seja lembrado — sérias restrições, ou uma retirada tática, à concepção plena da Negritude, por parte de vários escritores que ajudaram em sua origem.

A visão da Negritude nunca deve ser subestimada ou menosprezada. O que deu errado com ela está contido no que anteriormente expressei como a invenção de uma ideologia criativa e sua base falsificada de identificação com a visão social. Essa visão em si foi a de restituição e reengenharia de uma psique racial, o estabelecimento de uma entidade humana distinta e a glorificação de seus atributos há muito suprimidos. (Em uma base de prazo ainda mais longo, como aliança universal com os despossuídos do mundo.) Na tentativa de atingir esse objetivo louvável, no entanto, a Negritude prosseguiu pelo caminho da simplificação excessiva. Sua retomada dos valores negros não foi precedida por qualquer esforço profundo para entrar nesse sistema de valores africano. Ela enalteceu o aparente. Seus pontos de referência foram por demais coloridos pelas ideias europeias, mesmo quando seus messias se declararam fanaticamente africanos. Na tentativa de refutar a avaliação a que a realidade negra havia sido submetida, a Negritude adotou a tradição maniqueísta do pensamento europeu e a infligiu a uma cultura que é mais radicalmente antimaniqueísta. Ela não apenas aceitou a estrutura dialética dos confrontos ideológicos europeus, mas também tomou emprestados os próprios componentes de seu silogismo racista.

Como forma de elaboração, vamos estender a classificação de Negritude de Sartre como "o termo menor de uma progressão dialética". A "afirmação teórica e prática da supremacia do homem branco é sua tese; a posição da Negritude como um valor antitético é a base da negatividade".[23] Essa era a posição em que a Negritude se encontrava; vamos agora apresentar uma dupla de silogismos da filosofia racista que a fez surgir:

(a) O pensamento analítico é uma marca de alto desenvolvimento humano.
O europeu emprega pensamento analítico.
Portanto, o europeu é altamente desenvolvido.

(b) O pensamento analítico é uma marca de alto desenvolvimento humano.
O africano é incapaz de pensamento analítico.
Portanto, o africano não é altamente desenvolvido.

(Substitua "pensamento analítico" por inventividade científica etc.)

A progressão dialética na história desses dois silogismos não precisa ser aprofundada: o europeu é altamente desenvolvido, o africano não é, consequentemente etc. A escravidão e o colonialismo tiraram sua justificativa básica de premissas palpavelmente falsas assim. Mas o temperamento da época (tanto a consciência liberal da Europa quanto a nova assertividade das vítimas da dialética eurocêntrica) exigia uma reformulação das premissas e conclusões — de preferência, claro, mesmo para a Europa liberal, apenas as conclusões. A Negritude curiosamente deu aprovação a essa metodologia parcial, aceitando na íntegra as premissas de ambos os silogismos e a conclusão do (a), justificando o comentário de Sartre de que a afirmação teórica e prática da supremacia do homem branco era a tese adotada tacitamente, e falhando por completo em demoli-la. A conclusão de (a) nunca foi contestada, embora tenham sido feitas tentativas de dar novas definições para o que constitui um alto desenvolvimento. O método era reconstruir (b) por completo, deixando (a) intacto. Esse foi o erro inicial. A Negritude não se preocupou em libertar as raças negras do fardo de sua aceitação. Mesmo a segunda premissa de (a), "O europeu emprega pensamento analítico", é postulada falsamente, pois já implica um separatismo racial que fornece o argumento principal. Será que o exercício todo não se tornará fútil se substituirmos isso por "O ser humano é capaz de pensamento analítico"? Os defensores da Negritude não o fizeram; eles aceitaram o campo de batalha de preconceitos eurocêntricos e do chauvinismo racial, e passaram a substituir o silogismo (b) por uma versão corrigida:

(c) A compreensão intuitiva *também* é uma marca do desenvolvimento humano.
O africano emprega compreensão intuitiva.
Portanto, o africano é altamente desenvolvido.

(Substitua "compreensão intuitiva" por dança, ritmo etc.)

A progressão dialética que se deslocou, logicamente, a partir dessa emenda, postulando a atraente universalidade da Negritude, foi baseada em (a) e (c), resultando numa cultura humana simbiótica — o fermento negro no pão metálico branco. Como é possível que se tenha chegado a cometer o equívoco de que as novas proposições em (c) apagassem o insulto inerente de (b), que não era senão um desenvolvimento das suposições racistas de (a)? Eles disseram, ah sim, os Gobineaus do mundo estão certos; os africanos não pensam nem constroem, mas não importa porque — *voilà!* — eles intuem! E então eles se mobilizaram para construir um edifício romântico, confiantes de que os ecos rítmicos do mesmo afogariam a conclusão repugnante da proposição (b), que, óbvio, se recusava a ir embora. Como poderia ir, quando suas premissas eram constantemente reforçadas por afirmações como esta: "Sensibilidade emocional. A emoção é completamente negra, assim como a razão é grega. Água ondulada por cada brisa? Alma desprotegida soprada por cada vento, cujos frutos muitas vezes caem antes de amadurecer? Sim, de uma certa maneira. *O Negro é mais rico em dons do que em obras!*".[24]

Esse não é, a julgar pela literatura e os tratados que emergiram da Negritude, um extrato injusto. A Negritude se aprisionou no que era basicamente um papel defensivo, embora seus sotaques fossem estridentes, sua sintaxe, hiperbólica e sua estratégia, agressiva. Ela aceitou uma das blasfêmias mais comuns do racismo, que o negro não tem nada entre suas orelhas, e passou a subverter o poder da poesia para glorificar essa justificativa fabricada do domínio cultural europeu. De repente, fomos exortados a dar um viva àqueles que nunca inventaram nada, um viva àqueles que nunca exploraram os oceanos. A verdade, porém, é que não existe tal criatura. Uma dedução ainda mais angustiante que escapou aos eufóricos de tal negativismo é que eles, os poetas, haviam se transformado em louvadores do truncamento criativo. Eles sugerem algo que é realmente estranho à visão de mundo africana: que existem categorias estanques do espírito criativo, que a criatividade não é uma fonte de regeneração humana fluindo suavemente. A própria ideia de separar as manifestações do gênio humano é estranha à visão de mundo africana. A autossujeição aos artefatos reais que o próprio ser humano criou é decerto algo mais, e é igualmente estranha ao espírito criativo africano, mas os apoiadores da Negritude não estavam se referindo a isso. Sua propaganda a favor do separatismo criativo foi muito mais fundo. E um de seus infelizes subprodutos foi um narcisismo crescente que envolveu a contemplação do eu inventado na suposta grandeza trágica do dilema cultural. Assim, reconhecidamente nas regiões inferiores de tal poesia, encontramos:

> *Aqui estamos nós*
> *bebês exagerados*
> *posicionados entre duas civilizações*
> *achando o equilíbrio incômodo*

Ideologia e a visão social (II): O ideal secular

ansiosos para que algo aconteça
para nos jogar para um lado ou para o outro
tateando no escuro por uma mão amiga
e não encontrando nenhuma.
Estou cansado, ó meu Deus, estou cansado,
Estou cansado de ficar pendurado no meio do caminho —
mas para onde posso ir?[25]

Alguns críticos, ao levarem esse tipo de versificação mais a sério do que poderia ser justificado pela linguagem ou pela composição, tentam ver nela uma certa fase de desenvolvimento à qual a Negritude deu a resposta decisiva. Adrian Roscoe faz essa sugestão em seu *Mother is Gold*.[26] Eu discordo. Esse tipo de poesia foi sem dúvida um produto da Negritude, mas não de seus praticantes. O dilema é autoconsciente. A pergunta ao final do poema soa retórica, como se o escritor não tivesse interesse real na resposta. Era parte de uma angústia totalmente artificial, fabricada por um punhado de escritores *depois* que a Negritude lhes revelou a noção muito sedutora de que deveriam iniciar uma busca por sua africanidade. Até então, eles nunca sequer haviam se dado conta de que ela estava faltando. A oportunidade de se beneficiar dessa perda potencialmente trágica era grande demais para se perder; é lamentável que, como no exemplo acima, ela nem sempre tenha sido igualada pelo talento poético.

Esse foi um dos subprodutos infelizes da Negritude, a angústia abismal da baixa realização. Em contrapartida, havia pepitas primorosas de celebração lírica nessas escavações da psique racial em desaparecimento, como os bem conhecidos versos de Birago Diop abaixo. Eles são alguns dos melhores que vieram do movimento da Negritude, porque a convicção que carregam é evidente. O poema não é um manifesto em verso, nem tem a intenção de ser a soma da visão cosmogônica que lhe deu origem. Pode ocasionalmente parecer proselitista, como de fato acontece com a maioria da poesia desse movimento, mas é o entusiasmo calmo do iniciado, o instinto de partilha do votivo que experimentou a imersão em uma dimensão particular da realidade e clama de dentro de sua repleção espiritual. Dada sua incomum possessão lírica por uma realidade integral do mundo africano, vou citá-lo na íntegra:

Sopros

Escute mais vezes
As coisas do que os seres
A voz do fogo se ouve,
Ouça a voz da água.
Escute no vento o arbusto em soluços:
É o sopro dos ancestrais.

Os que estão mortos nunca se foram:
Estão na sombra que se ilumina
E na sombra que se adensa.
Os mortos não estão sob a terra:
Estão na árvore que estremece,
Estão no bosque que geme,
Estão na água que corre,
Estão na água que dorme,
Estão na cabana, estão na multidão:
Os mortos não estão mortos.

Escute mais vezes
As coisas do que os seres
A voz do fogo se ouve,
Ouça a voz da água
Escute no vento
O mato em soluços:
É o sopro dos ancestrais mortos,
Que não se foram
Que não estão sob a terra
Que não estão mortos.

Os mortos jamais se foram:
Estão no seio da mulher,
Estão na criança que chora
E na brasa que se aviva.
Os mortos não estão sob a terra:
Estão no fogo que se apaga,
Estão nas ervas que choram,
Estão no rochedo que se queixa,
Estão na floresta, estão na morada,
Os mortos não estão mortos.

Escute mais vezes
As coisas do que os seres
A voz do fogo se ouve,
Ouça a voz da água
Escute no vento
O mato em soluços:
É o sopro dos ancestrais.

Ele reitera a cada dia o pacto,
O grande pacto que une,
Que une à lei a nossa sorte,
Aos atos dos sopros mais fortes
A sorte de nossos mortos que não estão mortos,
O pesado pacto que nos une à vida.

A pesada lei que nos une aos atos
Dos sopros que morrem
No leito e nas margens do rio,
Dos sopros que se movem
No rochedo que geme e na erva que chora.
Os sopros que moram
Na sombra que se ilumina ou se espessa,
Na árvore que estremece, na madeira que geme
E na água que corre e na água que dorme,
Dos sopros mais fortes que tomaram
O sopro dos mortos que não estão mortos,
Dos mortos que não se foram,
Dos mortos que não estão mais sob a terra.

Escute mais vezes
As coisas do que os seres
A voz do fogo se ouve,
Ouça a voz da água.
Escute no vento o mato em soluços:
É o sopro dos ancestrais.*

---

* Tradução literal a partir do original em francês. Birago Diop, "Les Souffles". In: *Leurres et lueurs*. Paris: Présence Africaine, 1960, pp. 64-6. (N. T.)

Ideologia e a visão social (II): O ideal secular

Ora, esse poema transmite um aspecto importante, até mesmo fundamental, da visão de mundo da África tradicional, e permanece nessa determinação. Diop não sugere aqui que o africano não sabe manufaturar ferramentas para ajudá-lo a cavar uma cova para enterrar o corpo desse morto-vivo, nem que não sejam feitos todos os esforços médicos para manter o corpo vivo até que seja tarde demais. Nem que a doença e o tratamento sejam determinados pela intuição e não por sistemas de pesquisa e prática médica, fitoterápica, cirúrgica e psiquiátrica há muito desenvolvidos. Infelizmente, a maioria dos poetas da Negritude não se contentou em limitar sua redefinição da sociedade dessa forma.

Não deveria nos surpreender que as afirmações mais dogmáticas sobre a visão potencial da Negritude tenham sido feitas por intelectuais europeus. E tais declarações são uma facada ideológica nas costas. Havia uma espécie de justiça poética nisso. A Negritude, tendo depositado sua pedra angular sobre uma tradição intelectual europeia, por mais corajosamente que tenha tentado reverter seus conceitos (deixando seus princípios intocados), era um enjeitado que merecia ser absorvido, melhor até, ser considerado um caso de adoção benévola pelos interesses ideológicos europeus. Que fosse algo que deveria existir por si só, que merecia ser considerado um produto e uma reivindicação de uma terra e uma civilização separadas, isso não ocorreu a Jean-Paul Sartre, o qual, propondo o brinde à Negritude, se saiu melhor que ela. Não foi difícil. A Negritude já estava embriagada por suas próprias presunções:

> A Negritude é o tempo fraco de uma progressão dialética: a afirmação teórica e prática da supremacia do branco é a tese; o

papel da Negritude como valor antitético é o estágio negativo. Mas esse estágio negativo não basta por si mesmo, e os negros que o estão usando estão bem cientes disso. Eles sabem que estão visando a síntese ou a realização humana em uma sociedade sem raças. Assim, a Negritude está destinada a destruir-se; é o caminho e não o objetivo, os meios e não o fim.[27]

Como Fanon exclamou, angustiado: "E aí está, não sou eu que crio um sentido para mim mesmo, mas é o sentido que já está lá".[28]

E qual é esse fim que Sartre vislumbra? A transcendência sobre os conceitos raciais e o alinhamento com a luta proletária. Como todos os ideólogos que ignoram a existência, ou fingem a inexistência, de fatores que não se encaixam no quadro de uma projeção ideológica, Sartre desconsidera o importante fato de que a Negritude foi a criação de, e para, uma pequena elite. A busca de uma identidade racial foi conduzida por, e para, uma minoria minúscula de indivíduos desenraizados, não apenas em Paris, mas nas metrópoles das colônias francesas. Ao mesmo tempo que se desenrolava esse fenômeno histórico, uma viagem pela África real, entre a população real do mundo africano, teria revelado que esses milhões nunca tiveram, em momento algum, motivos para questionar a existência de sua Negritude. É por isso que, mesmo em um país como o Senegal, onde a Negritude é a ideologia oficial do regime, ela continua sendo uma curiosidade para a maior parte da população e uma expressão cada vez mais desgastada e dissociada, mesmo entre os intelectuais e literatos mais jovens.

Quanto à quimera de Sartre de que a Negritude passaria por etapas de desenvolvimento até fundir-se no contexto da luta proletária, teria sido óbvio pensar que ela era propriedade de uma elite intelecto-burguesa e que, portanto, havia uma probabilidade muito maior de que se tornasse pouco mais do que uma arma diversionista no eventual surgimento de uma luta revolucionária nacional onde quer que os defensores da Negritude representassem a elite detentora do poder. Sartre não estava sendo ingênuo, no entanto. Como faria qualquer ideólogo confiante, ele apenas classificou esse movimento colonial como decorrente do condicionamento intelectual da cultura-mãe; ele assumiu corretamente que qualquer movimento fundado em uma antítese que respondesse ao princípio cartesiano de "Penso, logo existo" com "Sinto, logo existo" deve estar sujeito a um determinismo dialético que tornou todos aqueles que "existem" obedientes às leis formuladas com base na experiência histórica europeia. Como ele saberia, se os próprios proponentes da visão universal da Negritude não sabiam, que o mundo africano não compartilhava, e não precisava compartilhar, a história de civilizações presas nos maniqueísmos políticos? O princípio de definição no sistema mundial africano é muito mais prudente e evita constantemente a substituição da função ou qualidade temporal ou parcial pela essência de uma totalidade sociopolítica ativa ou inerte. O erro fundamental foi de procedimento: a Negritude permaneceu dentro de um sistema preestabelecido de análise intelectual eurocêntrica do homem e da sociedade, e tentou redefinir o africano e sua sociedade naqueles termos externalizados. No final, até mesmo a poesia de celebração dessa suposta autorrecuperação tornou-se indistinguível da corrente dominante da poesia francesa. O outono das flores do mal, por meio de uma tradição compartilhada de excessiva autoconsideração, confundiu-se com a primavera do renascimento africano. Foi ignorado o aviso de Fanon: "Para nós, quem adora os negros é tão 'doente' quanto quem os execra".[29]

MAS ESSE PROBLEMA NÃO SE APLICA apenas aos apoiadores da Negritude. O intelectualismo africano em geral e, portanto, as atitudes africanas em relação à raça e à cultura não conseguiram lidar com os próprios fundamentos da epistemologia eurocêntrica. Tomemos esse exemplo simples, mas básico, do método silogístico de investigação, que é aplicado prontamente tanto a proposições matemáticas ou científicas quanto a supostas verdades que vão da origem do universo à flutuação dos preços do petróleo no mercado. A base dessa tradição intelectual europeia admite necessariamente o improvável ou a completa falsidade, fato demonstrado em considerável medida pelas análises e conclusões da Europa sobre outras culturas e civilizações. Esse processo de intelecção requer a habilidade propagandista de transformar o improvável em um conceito de autoridade, doutrinando a sociedade a aceitar um único e simples critério que governaria qualquer número de atos e hábitos humanos, avaliações e até hábitos de compreensão.[30] (O freudismo é um dos exemplos modernos mais notórios.) O critério prolifera, cria sua própria linguagem especial e seu micromundo de subconceitos hierárquicos em um padrão com coerência interna. O temperamento intelectual europeu parece ser historicamente propício à infiltração de tais monocritérios. É responsabilidade da intelectualidade africana de hoje não apenas questionar esses critérios, mas evitar o condicionamento do ser social pela metodologia de monocritério da Europa.

Sartre, por exemplo, ansioso por provar que a ideia de raça pode se misturar com a de classe, escreve:

> [A noção de raça] é concreta e particular, [a noção de classe] é universal e abstrata; uma deriva do que Jaspers chama de compreensão e a outra, da intelecção; a primeira é o resultado de um sincretismo psico-biológico e a segunda é uma construção metódica baseada na experiência.³¹

Disso ele conclui que a Negritude se destina a preparar "a síntese ou a realização do humano em uma sociedade sem raças". Agora examinaremos, a partir de um viés afrocêntrico de conceitos, as relações contrastantes apresentadas acima. A autoconcepção racial do africano realmente exclui o processo de intelecção? Mais criticamente, será que a realidade da estrutura social africana — da qual somente a "classe" pode obter uma definição concreta — não é uma fusão completa das relações funcionais individuais com a sociedade, uma fusão que não pode ser distinguida de um "sincretismo psicológico" do eu e da comunidade, de um modo de autoconcepção idêntico ao de pertença racial? O contrário não é apenas improvável, mas *inconcebível* na visão tradicional africana do homem, e a questão então permanece: se esse totalismo conceitual não pode ser resgatado do intelecto compartimentalista europeu ou se deve ser subsumido pela cultura mais assertiva na "realização do humano em uma sociedade sem raças". A resposta, para o apoiador da Negritude, acabou se tornando *sim* para a segunda opção, previsivelmente. Pois a Negritude, tendo se rendido à sedução do intelectualismo sintético europeu, aceitou as consequências que recaem sobre a relação subordinada em todas as progressões dialéticas. Possuídos, eles tentaram restringir o universalismo proteico da experiência africana, transformando-o no apêndice monotético anverso (Sartre chama isso de antítese, naturalmente) de um critério europeu particularizado, não comprovável e até mesmo irrelevante.

Vamos responder, de forma muito simples, como imagino que nosso mítico irmão inocente responderia em sua aldeia virginal, praticando seus esportes inocentes, de repente confrontado pela figura de Descartes com seu chapéu de colonizador, empenhado na missão de perfurar a selva da mentalidade pré-lógica negra com sua canoa intelectual. À medida que nosso fantasma cartesiano se apresenta rabiscando na tabula rasa de nosso irmão negro — naturalmente — a famosa proposição "Penso, logo existo", não deveríamos responder, como os apoiadores da Negritude fizeram, com "Sinto, logo existo", pois isso é aceitar a arrogância de uma certeza filosófica que não tem fundamento no comprovável, que reduz a lógica cósmica do ser a um particularismo funcional do ser. Não posso imaginar que nosso "inocente negro autêntico" se permitiria ser manipulado para assumir a posição falsa de enfrentar um maniqueísmo pernicioso com outro. Ele iria, eu suspeito, reduzir nosso explorador branco a proporções sintáticas, respondendo: "Você pensa, portanto você é um pensador. Você é aquele-que-pensa, criatura-branca-de-chapéu-de-colonizador-na-selva-africana-que-pensa e, por fim, homem-branco-que-tem-problemas-para-acreditar-em-sua--própria-existência". E eu não posso acreditar que ele chegaria a essa observação apenas por intuição.

Anexo
O quarto palco
Pelos mistérios de Ogum até a origem da tragédia iorubá*

A BUSCA PERSISTENTE PELO SIGNIFICADO da tragédia, por uma redefinição em termos de experiência cultural ou privada, é, no mínimo, o reconhecimento humano de certas áreas da experiência profunda que não são satisfatoriamente explicadas pelas teorias estéticas gerais; e, de toda inquietação subjetiva que é despertada pelas manifestações criativas do homem, essa torção dentro da psique humana que definimos vagamente como "tragédia" é a voz mais insistente a nos oferecer o retorno às nossas próprias fontes. Ali, alusivamente, paira a chave do paradoxo humano, da experiência de ser e não ser, a dubiedade do homem como essência e matéria, indícios da fugacidade e da eternidade, bem como dos impulsos angustiantes entre a singularidade e a Unidade.

Nosso percurso em direção ao coração dos Mistérios iorubás segue, ironicamente, a luz de Nietzsche[1] e da divindade frígia; mas há divergências inevitáveis e fundamentais. "Bem-aventurado povo dos helenos!", canta nosso devoto louco em

---

* Originalmente publicado em D. W. Jefferson (Org.), *The Morality of Art*. Londres: Routledge & Kegan Paul, 1969. O título em inglês, "The Fourth Stage", perde um pouco de sua abrangência original, pois além de "palco", *stage* significa também "estágio" ou "fase", o que não se consegue captar em português. (N. T.)

seu êxtase recessional. "Como Dioniso deve ser grande aqui entre vocês, se a divindade de Delos acha necessária essa magia para curar sua loucura ditirâmbica!"² Tal é a semelhança de Apolo com a arte serena de Obatalá,* o puro imaculado, com o idioma da "essência" de seus rituais, que é tentador colocá-lo no final de um eixo criativo com Ogum,** em uma relação evolutiva paralela à irmandade de Dioniso-Apolo proposta por Nietzsche. Mas Obatalá, o deus escultórico, é o artista não da ilusão apolínea, mas da essência interior. O bronze e a terracota idealistas de Ifé, que poderiam induzir à comparação implícita em "apolíneo", desapareceram em algum período agora esquecido, e são apenas uma evidência da universal cultura superficial das cortes e nunca mais ressuscitada. Isso é estranho ao espírito de Obatalá encontrado na arte "essencial" iorubá. Obatalá encontra expressão não no "espelho de encantamento" apolíneo de Nietzsche, mas como uma declaração de resolução do mundo. A conciliação mútua de ilusão e vontade, necessária para a compreensão do espírito helênico, pode nos enganar quando estamos diante da arte iorubá, pois grande parte dela tem uma semelhança com as artes plásticas helênicas quanto à sua serenidade estética. A arte tradicional iorubá não é, no entanto, ideacional, mas sim "essencial". Não é a ideia (nas artes religiosas) que é transmitida na madeira ou interpretada na música ou no movimento, mas uma quintessência do ser interior, uma in-

---

* Deus da criação (por tradição sincretista com Orixalá), essência das artes serenas. Obatalá molda as formas, mas o sopro da vida é administrado por Olodumaré, a divindade Suprema. A arte de Obatalá é, portanto, essencialmente plástica e formal. (N. A.)
** Deus da criatividade, da tradição metálica e do talento artístico; guardião da estrada, explorador, caçador; deus da guerra e guardião do juramento sagrado. (N. A.)

teração simbólica dos muitos aspectos das revelações (dentro de um contexto universal) com sua apreensão moral.

Ogum, por sua vez, é mais bem compreendido em valores helênicos como uma totalidade das virtudes dionisíacas, apolíneas e prometeicas. Mas isso não é tudo. Transcendendo, ainda hoje, os mitos distorcidos de sua reputação terrorista, a poesia tradicional o registra como "protetor dos órfãos", "teto dos desabrigados", "guardião terrível do juramento sagrado"; Ogum representa uma justiça transcendental, humana, mas rigidamente restauradora (ao contrário de Xangô, que é sobretudo punitivo). O primeiro artista e técnico da forja, Ogum evoca, como o espírito apolíneo de Nietzsche, uma "enorme força da imagem, do conceito, da doutrina ética, da emoção simpática".[3] Obatalá é a essência plácida da criação; Ogum é o impulso e o instinto criativos, a essência da criatividade:

> Seu lar é repleto de riquezas, no entanto, enfeitado com folhas de palmeira
> Ele se aventura adiante, refúgio dos oprimidos.
> Para resgatar escravos, desencadeou o julgamento da guerra
> Por causa dos cegos, mergulhou na floresta
> De ervas curativas, Ser Generoso
> Que se faz baluarte dos descendentes dos mortos no céu
> Saudações, ó ser solitário, que se banha em rios de sangue.[4]

Tais virtudes distanciam Ogum das danças distorcidas às quais o frenesi dionisíaco de Nietzsche o levou em sua busca por uma alma "ariana" seletiva, ainda que não diminuam a grandeza revolucionária de Ogum. Ironicamente, é a profunda iluminação da intuição de Nietzsche quanto aos impulsos universais básicos que nega suas conclusões raciais exclusivistas quanto à natureza da arte e da tragédia. Em nossa jornada ao cerne da arte trágica iorubá, que de fato pertence aos Mistérios de Ogum e ao êxtase córico dos participantes das celebrações, não achamos que os iorubás, como os gregos, "ergueram, para esse coro, o andaime aéreo de um reino ctônico fictício e nele colocaram fictícias criaturas naturais";[5] sobre essa fundação, afirma Nietzsche, a tragédia grega se desenvolveu: em suma, o princípio da ilusão.

A tragédia iorubá mergulha direto no "reino ctônico", o caldeirão fervilhante da vontade e da psique do mundo escuro, a matriz transitória, mas incipiente, da morte e do devir. Para dentro desse útero universal, uma vez mergulhou e emergiu Ogum, o primeiro ator, desintegrando-se dentro do abismo. Sua recomposição espiritual não requer "copiar a realidade" na reencenação ritual de seus devotos, assim como Obatalá não requer uma representação plástica, em sua arte. Os atores, nos Mistérios de Ogum, são o coro comunicante, contendo dentro de seu ser coletivo a essência desse abismo transicional. Mas somente como essência, mantida, contida e expressa misticamente. Na invocação mística do abismo, o ator protagonista (e cada indivíduo córico inundado pelo deus) resiste, como Ogum antes dele, ao passo final em direção à completa aniquilação. A partir disso, avança o eterno ator dos ritos trágicos, primeiro como o intérprete sem resistência do deus, proferindo visões simbólicas do abismo transicional, interpretando o temível poder em cuja essência ele está imerso como agente da vontade córica. Somente mais tarde, na estabilidade da libertação do clímax trágico, a serena autoconsciência de Obatalá reafirma seu controle criativo. Ele, o ator, emerge ainda como a voz mediadora do deus, mas agora está como que fora de si mesmo, observador, compreensivo, criador. Nessa etapa, ele conhece a sublime alegria *estética*, não no cerne da unidade original de que fala Nietzsche, mas na celebração distanciada da luta cósmica. Essa serenidade estética resoluta é o elo entre a arte trágica de Ogum e a beleza plástica de Obatalá. O deus imaculado, Obatalá, é o ventre sereno de reflexões (ou memória) ctônicas, uma força passiva que espera e celebra cada ato de restauração vicária de seu ser primordial. (Chegaremos mais tarde à história dessa primeira separação.) Sua beleza é enigmática, expressando apenas a resolução da cura plástica através da sabedoria da aceitação. O sofrimento paciente de Obatalá é a bem conhecida estética do santo.

Para os iorubás, os deuses são a medida final da eternidade, assim como os humanos para a transitoriedade terrena. Pensar, por causa disso, que a mente iorubá busca alcançar de maneira intuitiva a absorção na essência divina é entender mal o princípio dos ritos religiosos e interpretar erroneamente, como muitos fizeram, o significado da possessão religiosa. Sendo o passado, o presente e o futuro tão pertinentemente concebidos e entrelaçados na visão de mundo iorubá, o elemento da eternidade, que é prerrogativa dos deuses, não tem a mesma qualidade de afastamento ou exclusividade que possui na cultura cristã ou budista. A crença dos iorubás na existência contemporânea dentro da experiência cotidiana que têm desses aspectos do tempo foi há muito reconhecida, mas novamente mal interpretada. Não se trata de abstração. Os iorubás não são, como os europeus, preocupados com os aspectos puramente conceituais do tempo; estes são percebidos de forma muito concreta em sua própria vida, religião e sensibilidade para serem meros rótulos com que explicar a ordem metafísica de seu mundo. Se pudermos colocar a mesma coisa em cognições detalhadas, a vida, a vida presente, contém em si manifestações dos ancestrais, dos vivos e dos não nascidos. Todos estão vitalmente dentro das insinuações e da afetividade da vida, muito além da mera conceitualização abstrata.

E, ainda assim, os iorubás não deixam de distinguir entre si e as divindades, entre si e os ancestrais, entre os não nascidos e sua realidade, nem descartam sua consciência do abismo essencial que existe entre uma área de existência e a outra. Esse vão é o que deve ser constantemente reduzido pelos sacrifícios, rituais, cerimônias de apaziguamento dos poderes cósmicos que o guardam. Espiritualmente, a inquietação primordial da psique iorubá pode ser expressa como a existência, na memória coletiva, de uma separação primeva no éter transicional,[6] cujo primeiro desafio efetivo é simbolizado no mito da descida dos deuses à terra e na batalha contra o imenso crescimento caótico que impediu o reencontro com o homem. Pois eles estavam descendo não apenas para serem reconhecidos, mas para serem reunidos com a essência humana, para reassumir aquela porção da consciência transitória recriadora que a primeira divindade, Orixalá, possuía e expressava mediante sua contínua ativação de imagens do homem — breves reflexos das facetas divinas —, assim como o homem é afligido por uma consciência da perda da essência eterna de seu ser e deve se entregar a transações simbólicas para recuperar sua totalidade de ser.

A tragédia, no drama tradicional iorubá, é a angústia dessa separação, a fragmentação entre a essência e o eu. Sua música é o grito de aflição da alma cega do homem quando ele se debate no vazio e cai por um profundo abismo de ausência de espiritualidade e rejeição cósmica. A música trágica é um eco desse vazio; o celebrante fala, canta e dança em imagens arquetípicas autênticas vindas de dentro do abismo. Todos entendem e respondem, pois essa é a linguagem do mundo.

É necessário enfatizar que os deuses estavam descendo para se reunir com a humanidade, pois essa tragédia não poderia existir, e a angústia da separação não atingiria tais proporções trágicas, se a posição dos deuses na terra (isto é, na concepção da humanidade) fosse a de um distanciamento divino. Isso é novamente testemunhado pela forma de culto, que é marcada pela camaradagem e pela irreverência, da mesma forma que a partida para a ancestralidade é marcada pelo humor obsceno em meio à dor. A origem antropomórfica de incontáveis divindades é mais um nivelador da consciência de classe divina, mas, por fim, ela é a humanidade inata dos próprios deuses, sua ligação com o homem através de uma relação animista comum com a natureza e os fenômenos. A continuidade, para os iorubás, opera tanto através do conceito cíclico do tempo quanto pela interfusão animista de toda a matéria e toda a consciência.

O primeiro ator — pois ele liderou os outros — foi Ogum, a primeira divindade sofredora, a primeira energia criativa, o primeiro a desafiar e conquistar a transição. E sua arte, a primeira, foi a arte trágica, pois o drama complementar do sucessor sincrético de Orixalá, a peça da "Paixão" de Obatalá, é apenas a resolução plástica do envolvimento trágico de Ogum. A metafísica iorubá de acomodação e resolução só poderia surgir após a passagem dos deuses pelo vão transicional, após o teste demônico da obstinação de Ogum, o deus-explorador, no caldeirão criativo dos poderes cósmicos. Somente após tal teste poderia nascer o harmonioso mundo iorubá, uma vontade harmoniosa que acomoda todo material alheio ou fenômeno abstrato dentro de sua espiritualidade infinitamente realçada. O artefato para a conquista da separação por Ogum, o "fetiche", foi o minério de ferro, símbolo das energias do ventre da terra, responsável por fender e soldar a vida. Ogum, por meio de sua ação redentora, tornou-se o primeiro símbolo da aliança de disparidades quando, da própria terra, extraiu elementos para a subjugação do caos ctônico. Na consciência trágica, a psique do devoto busca ultrapassar o reino do nada (ou caos espiritual), que é potencialmente destrutivo para a consciência humana, através de áreas de terror e energias cegas até alcançar uma empatia ritual com os deuses, a presença eterna, que uma vez o precederam na consciência paralela de sua própria incompletude. A angústia ritual é, portanto, experimentada como aquela transmissão primordial do desespero do deus — vasto, numinoso, sempre incompreensível. Em vão procuramos capturá-la em palavras; apenas para o protagonista existe a certeza da experiência desse abismo — a vítima trágica mergulha nele apesar do aterramento ritualístico e é redimida somente pela ação. Sem agir, e apesar disso, ele está para sempre perdido sob o malho da tirania trágica.

Agir é, portanto, uma contradição do espírito trágico, mas é também seu complemento natural. Para agir, o instinto prometeico de rebelião canaliza a angústia para um propósito criativo que liberta o homem de um desespero totalmente destrutivo, liberando de dentro dele as invenções mais enérgicas e profundamente combativas que, sem usurpar o território do abismo infernal, o atravessam com esperanças visionárias. Apenas a batalha da vontade é, assim, primordialmente criativa; de sua tensão espiritual brota o grito desesperado da alma que se mostra seu próprio consolo, que sozinho, reverberando dentro das abóbadas cósmicas, usurpa (pelo menos, e ainda que de forma breve) os poderes do abismo. Nos momentos carregados do clímax dos ritos trágicos, compreendemos como a música passou a ser a única forma de arte que pode conter a realidade trágica. Nenhum outro guia conduz o devoto para dentro do coração prístino da tragédia. A música, como encarnação do espírito trágico, tem se esgotado perceptivelmente na filosofia da Europa: há pouco a acrescentar, muito a qualificar. E a função e a natureza da música na tragédia iorubá são particularmente reveladoras das deficiências das conclusões há muito aceitas da intuição europeia.

O CONCEITO EUROPEU DE MÚSICA não ilumina totalmente a relação da música com o ritual e o drama entre os iorubás. Somos inibidos até mesmo pelo reconhecimento de uma universalidade de conceitos na compreensão intuitiva europeia das emoções da vontade. Primeiro, é "pouco musical" separar a forma musical iorubá do mito e da poesia. A natureza da música iorubá é intensamente a natureza de sua linguagem e poesia, altamente carregada, simbólica, mito-embrionária. Reconhecemos de imediato o falso louvor técnico dirigido à correspondência da música africana com os padrões tonais (significado e alusão) da linguagem, mas o significado estético e emocional dessa relação não foi verdadeiramente absorvido, um significado que surge da simultaneidade primordial das formas de arte em uma cultura de total consciência e envolvimento fenomênico. A linguagem, portanto, não é uma barreira para a profunda universalidade da música, mas sim uma dimensão coesa e um esclarecimento dessa forma de arte teimosamente independente que chamamos de música. A linguagem reverte em ritos religiosos à sua existência prístina, evitando os limites estéreis da particularização. Em cultos fúnebres, o círculo de enlutados iniciados, um bosque agitado e sem idade de pinheiros escuros, entoa um cântico ao redor de um almofariz de fogo, e as palavras são levadas de volta às suas raízes, às suas fontes poéticas originais, quando a fusão era total e o movimento das palavras era a própria passagem da música e a dança das imagens. A linguagem ainda é o embrião do pensamento e da música onde o mito é companheiro diário, pois ali a linguagem é constantemente mitopoética.

A linguagem na música trágica iorubá passa, portanto, por uma transformação através do mito em uma correspondência secreta (maçônica) com o simbolismo da tragédia, um meio simbólico de emoções espirituais no coração da união córica. Ela transcende a particularização (de significado) para explorar a fonte trágica de onde brotam as familiares melodias perturbadoras e estranhas. Essa união maçônica de signo e melodia, a verdadeira música trágica, desenterra incertezas cósmicas que permeiam a existência humana, revela a magnitude e o poder da criação, mas, acima de tudo, cria uma sensação angustiante de vastidão omnidirecional na qual a Inteligência criativa reside e incita a alma à exploração fútil. Os sentidos não interpretam, em tais momentos, o mito em suas concretizações particulares; ficamos apenas com os valores emocionais e espirituais, a experiência essencial da realidade cósmica. As formas de música não são, em tais momentos, correspondências do mundo físico, nem em qualquer outro momento. O cantor é um porta-voz das forças ctônicas da matriz e suas "improvisações" sonâmbulas — uma simultaneidade de formas musicais e poéticas — não são representações do ancestral, reconhecimentos dos vivos ou não nascidos, mas da terra de ninguém da transição entre essas definições temporais de experiência, ou à sua volta. O passado é dos ancestrais, o presente pertence aos vivos e o futuro, aos não nascidos. As divindades estão na mesma situação que os vivos, da mesma forma que os ancestrais e os não nascidos, obedecendo às mesmas leis, sofrendo as mesmas agonias e incertezas, empregando a mesma inteligência maçônica de rituais para o mergulho perigoso na quarta área da experiência, o incomensurável vão transicional. Seu diálogo é liturgia, sua música toma forma a partir da imersão do homem, sem compreender, nessa área da existência totalmente escondida do reconhecimento racional. A fonte do lírico sob possessão, que entoa variedades mito-poéticas até então desconhecidas, cujo refrão antifônico é, no entanto, instantaneamente captado e lançado com todo o seu terror e grandiosidade pela noite por devotos oscilantes — essa fonte é residual na área numinosa da transição.

Esse é o quarto palco, o vórtice de arquétipos e lar do espírito trágico.

É necessário lembrar novamente que o passado não é um mistério e que, embora o futuro (os não nascidos) ainda seja desconhecido, não é um mistério para os iorubás, mas coexiste na consciência presente. O terror trágico portanto não existe na evocação nem do passado nem do futuro. O palco da transição é, contudo, o abismo metafísico tanto do deus quanto do homem e, se concordarmos que, no sentido europeu, a música é a "cópia direta ou a expressão direta da vontade", isso acontece apenas porque nada resgata o homem (ancestral, vivo ou não nascido) da perda de si mesmo dentro desse abismo, a não ser uma resolução titânica da vontade, cujo ritual de convocação, resposta e expressão é o estranho som alheio ao qual damos o nome de música. Na arena dos vivos, quando o homem é despido de excrescências, quando desastres e conflitos (o material do drama) o esmagaram e lhe roubaram a autoconsciência e as pretensões, ele se encontra na realidade presente na margem espiritual desse vão, não lhe resta nada na existência física que tenha sucesso em impressionar sua percepção espiritual ou psíquica. É em tais momentos que a memória da transição assume o controle e intimações o arrancam desse intenso paralelo de seu progresso pelo vão transicional, da dissolução de seu eu e de sua luta e triunfo sobre a subsunção por meio da agência da vontade. É essa experiência que o dramaturgo trágico moderno recria por meio da ação física contemporânea, refletindo emoções da primeira batalha ativa da vontade através do abismo da dissolução.[7] Ogum é o primeiro ator nessa batalha, e o drama trágico iorubá é a reencenação do conflito cósmico.

RECONHECER POR QUE OGUM foi eleito para seu papel (e a pena de horror que teve de pagar por seu desafio) é penetrar no simbolismo de Ogum tanto como essência da angústia quanto como vontade combativa dentro do cósmico abraço do vão transicional. Dissemos que nada além da vontade (pois somente ela é deixada intocada) resgata o ser da aniquilação dentro do abismo. Ogum é a corporização da Vontade, e a Vontade é a verdade paradoxal da destrutividade e da criatividade no homem que age. Somente aquele que passou pela experiência de desintegração, cujo espírito foi testado e cujos recursos psíquicos foram colocados sob pressão pelas forças mais hostis à afirmação individual, somente ele pode compreender e ser a força de fusão entre as duas contradições. A sensibilidade resultante é também a do artista, que só é um artista profundo na medida em que compreende e expressa esse princípio de destruição e recriação.

Não devemos perder de vista o fato de que Ogum é o espírito artístico, e não na acepção sentimental em que os rapsodistas da Negritude queriam nos fazer conceber o negro como pura intuição artística. A significativa verdade criativa de Ogum é a afirmação da inteligência recriadora; isso é irreconciliável com a intuição ingênua. O artefato simbólico de sua vitória é o minério metálico, ao mesmo tempo um meio técnico, pois é um símbolo das energias profundas da terra, uma fusão de energias elementares e uma força de ligação entre corpos e propriedades díspares. Assim, Ogum, ator trágico, voz primordial do homem criativo, é também, sem uma contradição de essências, o precursor e ancestral do homem paleotécnico. O princípio da criatividade, quando limitado ao idílico pastoral, como a Negritude tentou limitá-lo, afasta-nos das resoluções mais profundas e fundamentais da experiência e da compreensão. O ator trágico da era futura (já presente na Europa) é o ancestral neotécnico Xangô,* deus da eletricidade, cuja tragédia decorre, de maneira semelhante, do princípio de uma autodestruição

---

* Deus do raio e da eletricidade. Um tirano de Oió, ele foi forçado por facções a cometer suicídio, por meio de seu próprio poder exagerado. Seus seguidores então o deificaram e ele assumiu a agência do relâmpago. (N. A.) [No candomblé ele é a divindade do trovão, sendo Iansã (Oiá) a orixá do raio. (N. T.)]

preliminar, representada (como em uma penalidade posterior de Ogum) na destruição cega e ignorante de seu próprio sangue e carne. O que para Ogum foi uma penalidade destrutiva que levou a um drama secundário da "Paixão", para Xangô foi o próprio núcleo de sua tragédia. O processo histórico de diluição em desafio trágico se manifesta na relação desses dois mitos. Xangô é uma divindade antropomórfica; sua história girava em torno da tirania mesquinha; sua autodestruição foi a explosão central e violenta da inflação do ego. Enquanto a alienação humana de Ogum foi o erro pós-escrito, uma cobrança por sua vitória básica sobre os guardiões transicionais do vão, a de Xangô estava "no caráter", um massacre selvagem e vingativo de servos que tinham ousado desafiar sua autoridade. Mas o sentimento de "terror e piedade" de Xangô é inegável, só que é o "terror e piedade" do repúdio humano por aquele novo discípulo que está à beira do abismo que sublima, já subjugado por Ogum. Não vamos encontrar as raízes da tragédia nos Mistérios de Xangô.

O mito iorubá é um exercício recorrente da experiência de desintegração, o que é significativo pelo aparente distanciamento da vontade entre um povo cujos costumes, cultura e metafísica são baseados na suposta resignação e aceitação, mas que, se vivenciados em profundidade, são uma declaração da percepção penetrante do homem sobre a resolução final das coisas e a evidência constante de harmonia. Que valores morais encontramos no drama de Obatalá, embora ele seja também representativo da primeira experiência de desintegração pela divindade? Estamos ainda mais recuados na Origem, agora envolvidos não na batalha transicional de Ogum, mas na fragmentação de Orixalá, a divindade primordial, de quem nasceu todo o panteão iorubá. O mito nos informa que um escravo ciumento rolou uma pedra nas costas da primeira e única divindade e a estilhaçou em mil e um fragmentos. Desse primeiro ato de revolução nasceu o panteão iorubá.

O drama que deriva disso não é o do homem que age, mas o do espírito sofredor, o drama de Obatalá. O mito iorubá sincretiza Obatalá, deus da pureza e também da criação (mas não da criatividade!), com a primeira divindade, Orixalá. E o ritual de Obatalá é uma encenação da forma, uma celebração comovente cujo equivalente mais próximo na linguagem europeia é a encenação da Paixão. O drama é todo essência: cativeiro, sofrimento e redenção. Obatalá é simbolicamente capturado, confinado e resgatado. Em cada cena, ele é a corporização do espírito sofredor do homem, sem queixas, agoniado, cheio das qualidades redentoras da resistência e do martírio. A música que acompanha os ritos de Obatalá é de tom límpido e letra refinada, de ordem e harmonia, imponente e santificada. Significativamente, o tema é branco para a transparência do coração e da mente; há uma rejeição do mistério; tons de vestes e música combinam-se para banir o mistério e o terror; a poesia da canção é como uma ladainha, a linguagem dramática é a processional ou cerimonial. É um drama do qual os valores do conflito ou o espírito revolucionário estão excluídos, atestando em seu lugar a adequação e certeza de uma resolução harmoniosa que pertence ao tempo e à fé humana. É antitético ao desafio trágico de Ogum no homem.

A proporção na tragédia é governada por um elemento do desconhecido nas forças de oposição ou por um erro de cálculo de tais poderes por parte da vítima trágica. O drama de Obatalá dispensa o efeito do desconhecido, e sua agonia é uma evocação da solidão da primeira divindade, pois esse drama é, como dissemos, todo páthos. E a essência é o prelúdio emocional da criação do homem, a limitada e serena estética da moldagem do homem, que não deve ser comparada à erupção cósmica dentro da consciência provocada pela recriação do eu. A necessidade compassiva de ser redimido pela evidência do amor e do contato humano, pela extensão do eu em entidades reconhecíveis e outras unidades de consciência potencial — essa é a esfera de ação de Obatalá, a delicada concha da plenitude original. O aspecto mais profundo da autocriação, a angústia da Vontade, é a porção da restauração original que foi deixada aos talentos peculiares de Ogum, e a declaração dos ritos trágicos iorubás é o complemento de sua Vontade à essência da angústia. Essa última, por si só, é cristalizada na encenação da Paixão. O drama de Obatalá é o prelúdio, o sofrimento e as consequências. Simboliza, em primeiro lugar, a solidão insuportável do deus e, em seguida, a memória de sua incompletude, a essência que falta. E assim é também com os outros deuses que não aproveitaram, como Ogum, a chance de um combate redentor em que cada um poderia recriar o outro pela submissão a um processo de desintegração dentro da matriz da criatividade cósmica, de onde a Vontade performa a recomposição final. O fardo mais pesado de separação é cada um se separar do seu eu, não da divindade apartada da humanidade, e o aspecto mais perigoso da jornada do deus é aquele em que a divindade deve passar verdadeiramente pela experiência da transição. Trata-se de um olhar no próprio coração dos fenômenos. Fazer uma ponte através dele era não apenas tarefa de Ogum, mas sua própria natureza, e ele teve primeiro que experimentar, entregar sua individuação mais uma vez (a primeira, como parte da Unidade original de Orixalá) ao processo de fragmentação; ser reabsorvido dentro da Unidade universal, o Inconsciente, o redemoinho negro e profundo das forças mitopoéticas, para mergulhar completamente nela, compreender sua natureza e ainda, pelo valor combativo da vontade de resgatar e se recompor, emergir mais sábio, poderoso por beber os segredos cósmicos, organizando as forças místicas e técnicas da terra e do cosmo para forjar uma ponte para seus companheiros seguirem.

É verdade que compreender, compreender profundamente, é ser desencorajado, privado da vontade de agir. Pois não é a realidade humana apequenada pelo espanto e pela admiração, a inevitabilidade desse vão cósmico? É preciso lembrar que nesse abismo estão as atividades de nascimento, morte e reabsorção nos fenômenos (pois o abismo é a transição entre os vários estágios da existência). A vida, o reflexo irrisório das forças da matriz, torna-se subitamente inadequada, condescendente e indigna quando se vislumbra a fonte das energias criativas e destrutivas. O sofrimento anula o prazer opaco da existência humana; o sofrimento — o sofrimento verdadeiramente avassalador de Xangô, de Lear, de Édipo — afia a psique até se tornar uma fina percepção autoaniquiladora e torna inútil a ação futura e, acima de tudo, desprovida de dignidade. E o que tem sido, afinal, a luta do herói trágico senão um esforço para manter o conceito inato de dignidade que impele à ação somente até aquele grau em que o herói possui uma verdadeira nobreza de espírito? Em tais momentos, ele está próximo da aceitação e da sabedoria de Obatalá, na qual a fé se baseia, não sobre o eu, mas sobre uma identidade universal para a qual as contribuições individuais são fundamentalmente sem sentido. É a fé do "saber", a sabedoria enigmática da serenidade espiritual. É isso que muitas vezes é interpretado de forma estrita como a filosofia do africano. Mas as filosofias são o resultado do crescimento primordial e da experiência formativa; a sabedoria oracular de uma raça baseada e continuamente influenciada pela experiência coletiva das realidades passadas, presentes e não nascidas (prognósticas) complementa o vislumbre intuitivo e a memória do âmago do ser transicional.

A arte "clássica" iorubá é principalmente uma expressão da resolução de Obatalá e da beneficência humana, totalmente desprovida, na superfície, de conflito e irrupção. Por vezes as máscaras sozinhas sugerem uma correspondência com o reino ctônico e insinuam os arquétipos de transição, mas a maioria delas foge do poder total da visão cósmica, refugiando-se em atitudes deliberadamente grotescas e cômicas. Tais distorções são facilmente reconhecidas como a técnica de evasão da plenitude dos poderes numinosos. O terror é contido pela arte na forma trágica e liberado por ela através da apresentação cômica e da ambiência sexual. A máscara trágica, entretanto, também funciona a partir da mesma fonte que sua música — das essências arquetípicas cuja linguagem deriva não do plano da realidade física ou da memória ancestral (o ancestral não é mais que agente ou meio), mas do território numinoso de transição, do qual o artista obtém vislumbres fugazes pelo ritual, sacrifício e submissão paciente da consciência racional ao momento em que dedos e voz relacionam a linguagem simbólica do cosmo. A hábil e luminosa paz da arte religiosa iorubá nos cega, portanto, para os poderes mais sombrios da arte trágica, na qual apenas o participante pode realmente entrar. O grotesco dos cultos de terror induz os incautos a equacionar os medos fabricados com a exploração, pela mente iorubá, do mistério de sua vontade individual e das insinuações do sofrimento divino ao qual o artista é propenso. O ciclo de poesia maçônica de Ifá — curativa, prognóstica, estética e onisciente — expressa uma filosofia de otimismo em sua adaptabilidade oracular e resolução incontestável de todos os fenômenos; os deuses são flexíveis e incluem em suas presenças eternas manifestações que são aparentemente estranhas ou contraditórias. Não é de admirar, portanto, que a natureza abertamente otimista da cultura total seja a qualidade atribuída ao próprio iorubá, algo que começou a afetar sua acomodação ao mundo moderno, uma complacência espiritual devido à qual ele encontra ameaças à sua validação humana e única. Desafortunadamente, apesar de si mesmo, de tempos em tempos, a questão urgente e crua bate no sangue de seus templos, perguntando: qual é a vontade de Ogum? Pois a vontade iorubá foi malhada na forja de Ogum, e qualquer ameaça de disjunção é, como acontece com os deuses, um código de memória para a ressurreição do mito trágico.

A moralidade iorubá também contribuiu para a exclusão equivocada do mito trágico da consciência presente; pois, como sempre, a superfície plácida do processo de cura para a ruptura espiritual ou social é confundida com a ausência dos princípios da experiência psíquica que entraram na restauração. A moralidade para os iorubás é aquela que cria harmonia no cosmo, e a reparação da disjunção dentro da psique individual não pode ser vista como compensação pelo acidente individual para aquela pessoa. Assim, o bem e o mal não são medidos em termos de ofensas contra o indivíduo ou mesmo contra a comunidade física, pois há conhecimento de dentro do corpus de saberes oraculares de Ifá, que diz que uma ruptura é muitas vezes somente um aspecto da unidade criativo-destrutivo, que ofensas, mesmo contra a natureza, podem ser parte da cobrança, pela natureza mais profunda, da humanidade por atos que, por si só, podem abrir as fontes mais profundas do homem e trazer um rejuvenescimento constante do espírito humano. A natureza, por sua vez, se beneficia com tais tabus quebrados, assim como o cosmo com exigências feitas à sua vontade pelas afrontas cósmicas do homem. Esses atos de húbris obrigam o cosmo a mergulhar mais fundo em sua essência para enfrentar o desafio humano. A penitência e a retribuição não são, portanto, aspectos de punição pelo crime, mas os primeiros atos de uma consciência retomada, uma invocação do princípio de ajuste cósmico. O destino trágico é o ciclo repetitivo do tabu na natureza, o ato cármico de húbris, consciente ou inconsciente, ao qual a vontade demônica dentro do homem o compele constantemente. Um poderoso drama trágico se segue ao ato de húbris, e o mito exige essa penalidade correspondente do herói, quando ele realmente emergiu vitorioso de um conflito. O tabu de Xangô é baseado em uma forma elementar de húbris. Ultrapassando até a tolerância generosa devida a um monarca, ele foi vítima de uma compulsão por intrigas mesquinhas que acabou por levar à sua queda. Uma invocação final e desesperada de força não natural deu-lhe ascendência temporária e ele derrotou seus homens desleais. Então, veio a profanação da natureza, na qual ele derramou o sangue de seus parentes. Ogum não só ousou olhar para o interior da essência transicional, mas, triunfantemente, atravessou-a com conhecimento, arte, visão e a criatividade mística da ciência — uma total e profunda assertividade hubrística que está além de qualquer paralelo na experiência iorubá. A penalidade veio mais tarde, quando, como recompensa e reconhecimento de sua liderança das divindades, deuses e humanos se uniram para lhe oferecer uma coroa. A princípio, ele recusou, mas depois assentiu ao trono de Irê. Na primeira batalha, as mesmas energias demoníacas foram despertadas, mas esse não era nenhum ventre do mundo, nenhum covil ctônico, nenhum parquinho de monstros cósmicos, nem podiam as divisões entre homem e homem, entre mim e você, amigo e inimigo, ser percebidas pelo antigo herói do vão transicional. Inimigo e súditos caíram da mesma forma, até que Ogum ficou sozinho, único sobrevivente da estreiteza da separação humana. A batalha é simbólica da visão retrospectiva trágica, comum tanto ao deus quanto ao homem. Nos Mistérios de Ogum, esse drama é uma "Paixão" de um tipo diferente, liberada na sabedoria quietista, um exorcismo ritual de energias demoníacas. Não há euforia, nem mesmo no final da purgação, nada como o júbilo beatificado de Obatalá após sua redenção, apenas um cansaço do mundo na plataforma rochosa dos ombros prometeicos, uma profunda tristeza no cântico recessional[8] do deus.

Uma vez que reconhecemos, para voltar a seu paralelo helênico, a essência dionisíaca-apolínea-prometeica de Ogum, o elemento da húbris é visto como inato ao seu ser trágico, exigindo definição em termos iorubás, levando-o à sua resolução cíclica da situação metafísica do homem. Da angústia profunda de Dioniso, a desintegração mítica de sua origem é a causa agora familiar, e o processo da vontade, nada menos, é o que salva o deus extático de ser, literalmente, espalhado aos ventos cósmicos. A vontade de Zeus é tão conceitualmente identificável com a de Dioniso quanto a fragmentação elementar de Orixalá pode ser reconhecida como a consciência recorrente em Ogum (e de outros deuses) desse núcleo de terror de uma versão anterior. Rasgado em pedaços pelas mãos dos titãs por causa dos atos não desejados (por ele) de húbris, um nascimento divino, Dioniso-Zagreu começa a existência divina por essa experiência de destruição do eu, o horror transicional. Pois é um ato de húbris não apenas desafiar o vão transicional, mas também misturar essências como medida extra. Aproximamo-nos, ao que parece, do pessimismo final da existência como pronunciado pelo sábio Sileno de Nietzsche: nascer é um ato de húbris. *Ser* é um desafio aos invejosos poderes ctônicos. A resposta dos iorubás a isso é igualmente clara: *morrer* também é um ato de húbris. E o turbilhão de transição requer ambos os complementos hubrísticos como catalisadores para sua regeneração contínua. Essa é a sabedoria serena e a arte essencial de Obatalá. Todos os atos estão subordinados a essas questões últimas da condição humana e da vontade recriadora. Enfrentar a transição é o teste final do espírito humano e Ogum é o primeiro protagonista do abismo.

O DEUS FRÍGIO e seu gêmeo Ogum exercem um fascínio irresistível. O tirso de Dioniso é física e funcionalmente paralelo ao opá de Ogum carregado por seus devotos do sexo masculino. Mas o tirso de Dioniso é mais brilhante; é todo luz e vinho corrente; o cajado de Ogum é mais um símbolo de seus trabalhos durante a noite de transição. Um bastão longo e esguio é encimado por um torrão de minério, coberto por uma folhagem, que força o bastão a curvas voluntariosas e o mantém vibrátil. Aqueles que o portam, que só podem ser homens, são compelidos a se mover entre os participantes, pois o esforço para evitar que o cimo de minério tombe os mantém perpetuamente em movimento. Atravessando a cidade e a aldeia, subindo a montanha até o bosque de Ogum, essa dança das tensas cabeças-falos corta o ar acima dos participantes, homens e mulheres, enfeitados com folhas de palmeira e carregando ramos da planta nas mãos. Um cão é abatido em sacrifício, e a luta simulada do sacerdote-chefe e seus acólitos pela carcaça, durante a qual o animal é literalmente despedaçado membro a membro, não tem como não trazer à mente o desmembramento de Zagreu, filho de Zeus. O mais significativo de tudo é a irmandade entre a palmeira e a hera. O mistério do vinho de palma, sangrado direto da árvore e potente sem mais ministração, é um milagre da natureza, adquirindo significado simbólico nos Mistérios de Ogum, pois foi fundamental para o erro trágico do deus e sua consequente Paixão. Assim como Obatalá, os deuses cometem seu erro depois de um excesso da potente bebida. Ogum estava cheio de vinho antes de sua batalha à frente do exército em Irê. Após seu ato sombrio, a névoa do vinho lentamente se dissipou e ele não ficou senão com a terrível verdade. Obatalá, moldador de homens, também caiu devido aos vapores do vinho; seus dedos de artesão perderam o controle e ele moldou aleijados, albinos, cegos e outros deformados. Portanto, Obatalá, o eterno penitente, proíbe o vinho a seus devotos durante os ritos sazonais, ou fora deles, enquanto Ogum, em orgulhosa aceitação da necessidade de criar um desafio para o exercício constante da vontade e do controle, recomenda a alegria liberal do vinho. As folhas de palmeira são um símbolo de seu ser voluntarioso e extático.

E de que outra maneira os laços inibidores do homem podem ser dissolvidos quando ele vai ao encontro de seu deus, de que outra forma ele pode adentrar rapidamente o ser criativo do deus, ou como seu ouvido e olho interiores podem responder às presenças fugazes que guardam a morada dos deuses; de que modo participar da folia psíquica do mundo quando celebra a travessia do abismo do não-ser? Os ritos esculpidos do culto a Obatalá também são arrebatadores, mas carecem de êxtase. É uma dança de aprimoramento para os poderes tirânicos, não uma celebração da vontade infinita do espírito prometeico. Uma celebração significa abstinência, a outra, uma explosão das forças das trevas e alegria, explosão do núcleo do sol, uma erupção de fogo, que é o fruto do ventre de montanhas prístinas, pois não eram menores ou diferentes as energias dentro de Ogum, cuja ordem e controle mediante a vontade o trouxeram em segurança na travessia do vão trágico. Mesmo por meio desse êxtase, obtém-se um vislumbre da vastidão do abismo; o verdadeiro devoto conhece, compreende e penetra a angústia do deus. No centro da horda oscilante, turbulenta e extática em que sua individuação é desbaratada e ele se submete a uma união de alegria, o ser interior encontra o precipício. Posicionado nas alturas da montanha física que é casa para Ogum, ele experimenta um vão enorme dentro de si, um malho ameaçador de força ctônica que se abre cada vez mais, pronto para aniquilar seu ser. Ele só é salvo canalizando a torrente escura para a luz plástica da poesia e da dança; não, entretanto, como um reflexo ou ilusão da realidade, mas como os aspectos celebrativos da crise resolvida de seu deus.

Notas

Prefácio [pp. 7-22]

1. Eliana Lourenço de Lima Reis, *Pós-colonialismo, identidade e mestiçagem cultural: A literatura de Wole Soyinka*. Belo Horizonte: Editora da UFMG, 2011, p. 7.
2. Ibid., p. 15.
3. Ibid., p. 16.
4. Wole Soyinka, apud ibid., p. 17.
5. Eliana Lourenço de Lima Reis, *Pós-colonialismo, identidade e mestiçagem cultural*, op. cit., pp. 109-10.
6. Frantz Fanon, *Pele negra, máscaras brancas*. Trad. de Sebastião Nascimento e Raquel de Camargo. São Paulo: Ubu, 2020, p. 22.

1. Moralidade e estética no arquétipo ritual [pp. 31-72]

1. Zora Seljan, *História de Oxalá: Festa do Bonfim*. Rio de Janeiro: Edições de Ouro, 1958, pp. 148-50.
2. In: C. G. Jung e K. Kerenji, *Introduction to a Science of Mythology: The Myth of the Divine Child and the Mysteries of Eleusis*. Trad. de R. F. C. Hull. Londres: Routledge & Kegan Paul, 1970. [Ed. bras.: *A criança divina: Uma introdução à essência da mitologia*. Trad. de Vilma Schneider. Petrópolis: Vozes, 2011.]
3. Paul Raidin, *Primitive Religion: Its Nature and Origin*. Nova York: Dover, 1957.
4. William Shakespeare, *Rei Lear*, ato IV, cena I. [Citado em tradução de Carlos Alberto Nunes para William Shakespeare, *Teatro completo*. 3 v. Rio de Janeiro: Agir, 2008.]
5. Obotunde Ijimere, *The Imprisonment of Obatala and Other Plays*. Londres: Heinemann, 1966.
6. Zora Seljan, *História de Oxalá*, op. cit., p. 11. [Para o comentário que se segue, cabe ressaltar que, na tradução de Seljan para o inglês que

Soyinka considera aqui ("Oxala", *Transition* n. 47, 1974), essa passagem fala em "a piedade descomplicada dos negros brasileiros induziu neles o desejo de expiar um fardo racial. Era como se quisessem reviver a dor de sua divindade principal, uma espécie de compensação e restituição de sua figura à antiga majestade e dignidade". (N. E.)]
7. Obotunde Ijimere, *The Imprisonment of Obatala and Other Plays*, op. cit., p. 31.
8. Ibid., p. 27.
9. Ibid., p. 10.
10. Ibid., p. 22.
11. Ibid., pp. 30-1.
12. Ibid., p. 3.
13. Ibid., pp. 24-5.
14. Zora Seljan, *História deOxalá*, op. cit., p. 57.
15. Ibid., p. 58.
16. George Thomson, *Aeschylus and Athens: A Study in the Social Origins of Greek Tragedy*. Londres: Lawrence & Wishart, 1941, pp. 63-4.
17. Ibid., p. 64.
18. C. G. Jung e K. Kerenji, *Introduction to a Science of Mythology*, op. cit., p. 101.
19. Ibid.

2. O drama e a visão de mundo africana [pp. 73-99]

1. As anotações que se seguem são baseadas em peças observadas *in situ*, ou seja, no local onde o espetáculo tem origem e termina, e em sua época apropriada do ano — não em variações itinerantes sobre o mesmo tema. A encenação específica aqui referida foi uma peça sobre colheita que teve lugar numa clareira cerca de cinco quilômetros ao sul de Ihiala, na então região Leste da Nigéria, em 1961.
2. Kola Ogunmola, em suas adaptações cênicas de *O bebedor de vinho de palma e seu finado fazedor de vinho na Cidade dos Mortos*, de Amos Tutuola, baseou-se nessa tradição, que ainda se manifesta em comédias de máscaras ancestrais.
3. Ver J. P. Clark, *Three Plays*. Oxford: Oxford University Press, 1964.
4. George Steiner, *The Death of Tragedy*. Londres: Faber, 1963. Ver caps. 6 e 9.
5. J. P. Clark, *Three Plays*, op. cit., p. 42.
6. Karl Popper, *The Open Society and its Enemies*. Londres: Routledge & Kegan Paul, 1962.

7. Essa é de fato a lógica unificadora do corpus do Ifá (sistema de adivinhação iorubá).
8. Essa natureza acomodatícia, que, entretanto, não contradiz ou polui suas verdadeiras essências, é o que torna Xangô capaz de estender seu território do raio para incluir a eletricidade na consciência afetiva de seus seguidores. Ogum, por sua vez, torna-se não apenas o deus da guerra, mas o deus da revolução no contexto mais contemporâneo — e isso não acontece apenas na África, mas nas Américas, onde seu culto é difundido. Como os defensores católicos romanos do regime de Fulgêncio Batista em Cuba descobriram quando era tarde demais, eles deveriam ter se preocupado menos com Karl Marx do que com Ogum, a divindade redescoberta da revolução.
9. *Oba Koso* foi publicada em Duro Ladipo, *Three Yoruba Plays*. Adaptações para o inglês de Ulli Beier. Ibadan: Mbari Publications, 1964. A tradução [para o inglês] das citações aqui são principalmente de minha autoria.

3. Ideologia e a visão social (1): O fator religioso [pp. 100-41]

1. Alex la Guma, *A Walk in the Night*. Ibadan: Mbari Publications, 1964.
2. William Conton, *The African*. Londres: Heinemann, 1960, p. 72.
3. Ibid.
4. Ibid., p. 213.
5. Muito do presente comentário sobre essa peça foi feito pela primeira vez na palestra "Drama and the Revolutionary Ideal" [Drama e o ideal revolucionário], proferida na Universidade de Washington, Seattle. *Rhythms of Violence* foi publicado pela Oxford University Press, em 1964.
6. Leon Trótski, *Literature and Revolution*. Michigan: University of Michigan Press, 1971. [Ed. bras.: *Literatura e revolução*. Rio de Janeiro: Zahar, 1968 (2007).]
7. Em Gwyneth Henderson e Cosmo Pieterse (Orgs.), *Nine African Plays for Radio*. Londres: Heinemann, 1974.
8. De "Their Behavior", acompanhado da anotação "Blood River Day, 1965". In: *A Simple Lust*. Londres: Heinemann, 1973, p. 79.
9. Malik Fall, *The Wound*. Londres: Heinemann, 1973.
10. Amadou Hampâté Bâ e Marcel Cardaire, *Tierno Bokar, le Sage de Bandiagara*. Paris: Présence Africaine, 1957.

11. Ibid., p. 90. [Aqui traduzido a partir da versão para o inglês feita por Soyinka.]
12. Apud Claude Waithier, *The Literature and Thought of Modern Africa*. Londres: Paul Mall, 1966, p. 231.
13. Cheikh Hamidou Kane, *Ambiguous Adventure*. Londres: Heinemann, 1972, pp. 139-40. [Ed. orig.: *L'Aventure ambiguë*. Paris: Julliard, 1961.]
14. Ibid., p. 11.
15. Ibid., p. 13.
16. Ibid., pp. 13-4.
17. Ibid., pp. 80-1.
18. Ibid., p. 149.
19. Ibid., pp. 149-50.
20. Ibid., p. 144.
21. Ibid., p. 27.
22. Ibid., p. 124.
23. Daniachew Worku, *The Thirteenth Sun*. Londres: Heinemann, 1973.
24. Chinua Achebe, *Arrow of God*. Nova York: Doubleday, 1969 [1989], pp. 212-3. [Ed. bras.: *A flecha de Deus*. Trad. de Vera Queiroz da Costa e Silva. São Paulo: Companhia das Letras, 2011.]
25. Ibid., p. 210.
26. Ibid., p. 191.
27. Ibid., p. 208.
28. Ibid., p. 207.
29. Ibid., pp. 210 e 228.
30. Ibid., p. 203.
31. Ibid., p. 174.
32. Ibid., p. 229.
33. Ibid. p. 230.

4. Ideologia e a visão social (II): O ideal secular [pp. 142-90]

1. Apud Charles DeGraft-Johnson, *The Rising Tide of Colour against White World Supremacy*. Londres: Chapman and Hall, 1926, p. 96.
2. Yambo Ouologuem, *Bound to Violence*. Trad. de Ralph Manheim. Londres: Secker & Warburg, 1971, p. 94. [Ed. orig.: *Le Devoir de violence*. Paris: Seuil, 1968.]
3. Ibid., p. 20.
4. Ibid., p. 159.

5. "Interview with Yambo Ouologuem". *Journal of the New African Literature and The Arts*, v. 9/10, pp. 134ss., 196..86.
6. Ayi Kwei Armah, *Two Thousand Seasons*. Nairóbi: East African Publishing House, 1973, p. 4.
7. Bolaji Idowu, *Olodumare: God in Yoruba Belief*. Londres: Longman, 1962.
8. Ayi Kwei Armah, *Two Thousand Seasons*, op. cit., pp. 31, 34 e 38.
9. Ibid., p. 100.
10. Ibid., pp. 100-1.
11. Ibid., p. 320.
12. Ayi Kwei Armah, *The Beautyful Ones Are Not Yet Born*. Londres: Heinemann, 1969.
13. Ousmane Sembène, *God's Bits of Wood*. Londres: Heinemann, 1970 [1986], p. 223. [Ed. orig.: *Les Bouts de bois de Dieu*. Paris: Le Livre Contemporain, 1960; Ed. port.: *Os pedaços de madeira de Deus*. Lisboa: Caminho, 1979.]
14. Ibid., p. 212.
15. Ibid., p. 84.
16. Ibid., p. 85.
17. Ibid., p. 87.
18. Ibid., p. 94.
19. Ibid., p. 245.
20. Camara Laye, *The Dark Child*. Londres: Collins, 1955. [Ed. orig.: *L'Enfant noir*. Paris: Plon, 1953; Ed. bras.: *O menino negro*. Trad. de Rosa Freire D'Aguiar. São Paulo: Seguinte, 2013.]
21. Camara Laye, *The Radiance of the King*. Trad. de James Kirkup. Londres: Collins, 1956. [Ed. orig.: *Le Regard du roi*. Paris: Plon, 1954.]
22 *Africa Report*, 17 maio 1972.
23. Essa e outras citações de Sartre são de seu ensaio "Orphée noir". In: Léopold Sédar Senghor (Org.), *Anthologie de la nouvelle poésie nègre et malagache d'expression française*. Paris: PUF, 1948, pp. IX-XLIV. [Ed. bras.: "Orfeu negro". In: *Reflexões sobre o racismo*. São Paulo: Difel, 1960, pp. 105-49.]
24. Itálico e ponto de exclamação meus, o restante é de Senghor. ["Ce que l'homme noir apporte". In: *L'Homme de couleur*. Paris: Plon, 1939.]
25. Mabel Segun, apud Frances Ademola (Org.), *Reflections: Nigerian Prose & Verse*. Lagos: African Universities Press, 1962, p. 65.
26. Adrian Roscoe, *Mother is Gold*. Cambridge: Cambridge University Press, 1971.

27. Jean-Paul Sartre, "Orphée noir", op. cit., p. XLI.
28. Frantz Fanon, *Black Skin White Masks*. Trad. de C. L. Markmann. Londres: Paladin, 1970. [Citado em trad. de Sebastião Nascimento e Raquel de Camargo para *Pele negra, máscaras brancas*. São Paulo: Ubu, 2020, p. 147.]
29. Ibid., p. 8. [Ibid., p. 22.]
30. Anotações feitas há alguns anos, partes das quais estão perdidas, sugerem que esta frase foi realmente copiada, em confirmação de minhas observações, de um livro que eu estava lendo na época, mas não indicam qual livro.
31. Jean-Paul Sartre, "Orphée noir", op. cit., pp. XL-XLI.

Anexo: O quarto palco [pp. 191-214]

1. Com *O nascimento da tragédia*. [Citada aqui na tradução de Paulo César de Souza para Friedrich Nietzsche, *O nascimento da tragédia*. São Paulo: Companhia de Bolso, 2020.]
2. Ibid., p. 132.
3. Ibid., p. 116.
4. Versos tradicionais da poesia oral iorubá. (N. T.)
5. Friedrich Nietzsche, *O nascimento da tragédia*, op. cit., p. 47; tradução adaptada.
6. Hoje eu tornaria isso mais convincente em termos de origem racial, desenraizamento, errância e fixação. Essa experiência de grupo é menos remota e é paralela à mitologia do caos primordial, bem como aos ritos de transição (nascimento, morte etc.). Ver a referência ao drama de Xangô no capítulo 2.
7. Ou ainda a memória coletiva de dispersão e recomposição no vir--a-ser racial. Tudo isso e, claro, a experiência recorrente de nascimento e morte são motivos psico-históricos para a experiência trágica: a essência da transição.
8. Nos festivais (públicos) contemporâneos de Ogum, ocorreu a mistura usual de linguagens — o ritual de desmembramento de um cão substituto, a encenação do massacre em Irê, a disputa entre Xangô e Ogum, os triunfos da batalha de Ogum etc. O tom é em geral festivo.

Índice remissivo

abismo transicional, 60, 63, 66-7, 72, 97, 191-214
Abrahams, Peter, 105
Achebe, Chinua, 130-3, 136-40; *flecha de Deus, A*, 130-41, cristianismo em, 131-4, 141, Ezeulu, 131-6, 138-41, natureza secular de, 130, política em, 132, 136-9
África do Sul: *African, The* (Conton), 107-11; *Make Like Slaves* (Rive), 114-5; *Rhythms of Violence* (Nkosi), 111-3; "Their Behaviour" (Brutus), 115-6; *Walk in the Night, A* (la Guma), 105
African, The ver Conton, William
Alcorão, 122, 146
ancestrais, 35, 42, 51, 60, 63, 195-6, 201-2
Aninta, deus de, 140-1
apartheid, 110, 112-3; *ver também* África do Sul
Apolo: Obatalá e, 192-3; Ogum e, 60, 192-3
Armah, Ayi Kwei, 129, 153, 156-65, 169-70; *Beautyful Ones Are Not Yet Born, The*, 164; *Two Thousand Seasons*: colonialismo árabe-islâmico e, 153, fraquezas de, 162, monarquia e, 161, motivo da vingança em, 157-8, "o caminho" e, 159-60, temas sexuais em, 157-9, violência em, 162-3, visão secular de, 162-3
ato de húbris, 211-2; dos deuses, 45-6, 51-2, Ogum, 210-2, Xangô, 43, 55, 210; dos seres humanos, 210, morte, 212, nascimento, 212
ator, Ogum como o primeiro, 193-4, 197, 202-3; drama ritual e, 65, 67-8, 72; nos Mistérios de Ogum, 193-5; porta-voz do deus, 66, 194-5
atuação e o espírito trágico, 198-9
Atunda, 62

Bâ, Hampâté, *Tierno Bokar, le Sage de Bandiagara*, 119-21
bacantes, As (Eurípides), 38, 44-5
Bahia, 49-51
Baldwin, James, 149-50
Bandiagara, Sábio de, 119-20
Beautyful Ones Are Not Yet Born, The (Armah), 164
Beckett, Samuel, 102
bembé, 50
Beti, Mongo, 142-3; *King Lazarus*, 143
Bokar, Tierno, 119-21
Bonfim, festa do, 49
Brasil, 31, 49-51
Brecht, Bertolt, 103, 106
Brook, Peter, 37
Brutus, Denis, "Their Behaviour", 115-6
budismo, 34, 195

Cabral, Amílcar, 28, 130
candomblé, 49-50, 203n
cânticos de louvor, 36, 61, 96
Caribe, religiões africanas no, 31, 49
ciência, 61-2, 210-1
Clark, J. P., *Song of a Goat*, 82-3, 88-92; ordem moral e, 91-2; primeira apresentação da peça, 82; reação do público europeu, 82-4; violência em, 88-9; Zifa, 82-3, 91

colonização árabe-islâmica da África negra, 145-6, 151-5
comédia, 93-4, 216n; liberação do terror e, 208
comunidade, a, 69-71, 79, 81, 93, 97
Conton, William, 107-8; *African, The*, 107-11, 174, teologia cristã e, 111
coro: nos Mistérios de Ogum, 194; *Oba Koso* (Ladipo) e, 97-9; participação do público e, 75
cristianismo, 33-4, 51, 195; drama brasileiro e: *história de Oxalá, A* (Seljan), 49-51, 54, 58-9, judaico--cristianismo, 34, 42, 50; literatura e o drama ritual africano e, 33-5, 117-8, 170-1, *African, The* (Conton), 111, *flecha de Deus, A* (Achebe), 131-4, 141, *King Lazarus* (Beti), 142-3, poesia de Tchikaya U Tam'si, 118, *Rhythms of Violence* (Nkosi), 111-2, *Thirteenth Sun, The* (Worku), 128-9; *ver também* encenação da Paixão
crítico e a ideologia literária, o, 100-2
Cuba, 31, 50, 217n
culpa e problemas raciais, 50, 115-7

dança: ritual e, 68-9; torrões de minério, 66-7, 212-4
Deméter, 33
Descartes, 190
destino: Obatalá e, 53-4; Oxalá e, 54, 59
deuses, 31-6; acomodação filosófica dos, 93; do céu, 34; gregos, 33, comparação com os deuses iorubá, 46-7, 191-4; humanidade dos, 46, 51-2, 58, *ver também* ato de húbris, vinho de palma; iorubás *ver* iorubá/iorubás; política e, 132, 136-7; regresso à terra, 63-4, 196-7; relação com os seres humanos, 47-8, 61-2, 196-7; secularização dos, 129-41

Devoir de la violence, Le ver Ouologuem, Yambo
Dioniso, 33, 44, 192; comparação com Ogum, 60, 192-3, 211-3; tirso de, 212
Diop, Birago, 181, 185; "Sopros" (citado na íntegra), 182-4
Diop, Cheikh Anta, 145, 154, 156
doença, 84-5
drama europeu: medieval, 77-8; moderno, 37, 78-9; progressista, 37
drama trágico, 99, 103; evolução do, 72; experiência comunitária e, 69, 77-81; grego, 77-8, 86, 194; mundo hermético no, 87-8, 92, 94-5; percepção do mundo e, 93-4; princípio homeopático e, 97; *Rhythms of Violence* (Nkosi) e, 112-3; significado da tragédia iorubá e, 191-214; *Song of a Goat* (Clark) e, 82-4; viabilidade da visão trágica no mundo contemporâneo, 84-6

Édipo, 47, 207
eletricidade, 203, 217n; *ver também* relâmpago
encenação da paixão, 54; ritual de Obatalá e, 197, 205-6
épico, 32, 165
escravidão, 49-50, 53, 61-2, 152-3
espaço, 35-6; teatro ritual e, 76-82
eternidade, 195
Expressionismo europeu, 106-7
Exu, 31, 51-3, 64

Fall, Malik, *The Wound*, 118
Fanon, Frantz, 19, 186, 188
fantasia, 68-70
ferro, minério de *ver* minério
Festival de Artes da Comunidade Britânica, Londres (1965), 82
filosofia do africano, 208
flecha de Deus, A ver Achebe, Chinua
Flower Power, 112
Franklin, Benjamin, 86-7

freudismo, 188
Frobenius, Leo, 145

Genet, Jean, 37, 150
Gilgamesh, 34
Gorelik, Mordecai, 107
Grotowski, Jerzy, 37

Hamlet (Shakespeare), 88
Harlem Theatre, 38
Herskovits, Melville, 68
história, reinterpretação da, 145-6, 151-5, 161, 165
história de Oxalá, A ver Seljan, Zora
hospitalidade, 55, 92

Ibsen, Henrik, *Espectros*, 84-5
ideologia literária, 100-4; crítica e, 100-1; visão social e, 100, 102-7
Idowu, E. Bolaji, *Olodumare: God in Yoruba Belief*, 155
Iemanjá, 31
Ifá, 47, 53, 61, 174, 209-10, 217n
Ifé, 38, 192
ijala, 63
Ijimere, Obotunde: *Obatalá*: citações, 52-8, crime de, 54, Ogum e, 52-3, 60-1, rejeição por Xangô, 54-8; *Imprisonment of Obatala, The*, 49, comparação com *A história de Oxalá* (Seljan), 50-60
Iluminismo europeu, 103
Imprisonment of Obatala, The, ver Ijimere, Obotunde
insurreição de Anya-Nya, 156
iorubá/iorubás: arte: "clássica", como expressão de serenidade e otimismo superficiais, 208-9, "essencial", 192; conceitos temporais, 41-3, 51-2, 195, 197, 201-2, eternidade, 195; deuses, comparação com os deuses gregos, 46-7, 191-4, *ver também* Obatalá, Ogum, Olodumaré, Xangô; filosofia do otimismo, 208-9; harmonia da visão de mundo e, 197-8, 204-5; hierarquia etária na sociedade, 42; ijala, 63; moralidade e o princípio criativo-destrutivo, 209-10; música, 196-7, 199-202, 208; princípio da compensação e, 48; teatro trágico, 66, 194-5, angústia da separação entre a essência e o eu e, 196, música e, 199-202, 208; tendência geocêntrica dos, 62
Irê, 64, 211, 213, 220n
islã: literatura africana e, 117-29, 170-1, *Devoir de violence, Le,* (Ouologuem), 145-8, 151, *L'Aventure ambigüe* (Kane), 117-8, 121-9, *Tierno Bokar* (Bâ), 119-21, *Two Thousand Seasons* (Armah), 153-9, *Wound, The* (Fall), 118; morte e, 125-9; reconciliação e, 119-21; tolerância e, 119

Jonson, Ben, 94
judaico-cristianismo, 34, 42, 50
Jung, Carl Gustav, 70-2; citações, 70-1
justiça, 39-41, 55, 57, 61, 170, 193

Kafka, Franz, 175
Kane, Cheikh Hamidou, 140, 148, 151; *L'Aventure ambigüe*, 118, 121-8, morte e, 125-8, linguagem do Alcorão de, 122-3; Sambo Diallo: citações, 121-8, compreensão de Deus, 125-6, destino de, 123-5
Karume, Sheikh, 156
Kerényi, Károly, 41
King Lazarus (Beti), 143

L'Aventure ambigüe ver Kane, Cheikh Hamidou
la Guma, Alex, *A Walk in the Night*, 105
Ladipo, Duro: companhia de teatro, 38; *Oba Koso*, 39, 44, 93-9, cântico de louvor a Xangô, 96,

citações, 96, 98-9, continuidade e, 99, origem da raça e, 97-9, ritmo e, 95, suicídio de Xangô, 44, Xangô, 95-9

Laye, Camara, 170-5; *menino negro, O*, 171-2, 175; *Regard du roi, Le*, 172-6, crítica de, 175, influência de Kafka em, 175, visão de mundo africana e, 172-6; resposta aos críticos, 174-5

língua e música iorubá, 199-200

literatura: existência objetiva da, 101-2; reconciliação e, 111-4, 119-21; revolucionária, 106, 111-4, 116-7, 165-70

Lorca, Federico García, 88

Make Like Slaves (Rive), 114-5

maniqueísmo, 34, 177, 187, 190

marxismo, 68, 85-6, 217n

menino negro, O ver Laye, Camara

minério, 63, 66-7, 198, 203; dança dos torrões de, 66-7, 213

mito ariano, 148-50, 193

Mnouchkine, Ariane, 37

Molière, 93

morte, 62-3, 90, 135-6; como ato de húbris, 212; em *L'Aventure ambigüe* (Kane), 125-9; em *Thirteenth Sun, The* (Worku), 128-9

música, 35, 67, 192; linguagem e, 72, 199-201; Ogum e, 72; poesia e, 199; ritos de Obatalá, 205; tragédia iorubá e, 196-7, 199-202, 208; vontade humana e, 201-2

não nascidos, os, 35, 42, 51, 60, 196, 201-2

nascimento, 32, 62; como ato de húbris, 212

Negritude, 103-4, 106, 161, 176-90; angústia abismal de baixa realização e, 181; comparação silogística dos africanos com os europeus e, 177-9, 188-9; elitismo da, 186-7; espírito artístico e, 203; intelectualismo europeu e, 103, 177-9, 185-90; poesia da, 180-5, 187; separatismo criativo e, 180; ser humano na sociedade sem raças e, 186, 189-90

Netuno, 34

Nietzsche, Friedrich, 191-5, 212

Nkosi, Lewis, *Rhythms of Violence*, 111-3, 116; como tragédia, 112-3; ética salvacionista cristã e, 11-2

nouveau roman, movimento, 86, 103

O'Neill, Eugene, 85

Oba Koso ver Ladipo, Duro

Obatalá (deus da criação), 31, 45, 48-9, 65, 192-5, 207-8, 211-2; Apolo e, 192-3; beleza plástica de, 195; encenação da paixão e, 197, 205-6; papel funcionalista de, 39, 63; redenção e, 205-6; ritos de adoração a, 205, 214; solidão de, 206; valores morais no drama de, 204-9; vinho de palma e, 48, 54, 213-4; *ver também* Ijimere, Obotunde: *Imprisonment of Obatala, The*; Seljan, Zora: *história de Oxalá, A*

Ogum (deus da criatividade), 31, 45, 48, 52-3, 56, 60-7, 72, 191-5; abismo transicional e, 60, 63, 197-8, 210-1; ator, 193-4, 197, 202-3; cajado de, 66, 212-3; cânticos de louvor a, 61; ciência e, 61-2, 210-1; desafio e, 65; Dioniso e, 60, 192-3, 211-3; espírito artístico e, 202-3; festivais públicos, 220n; húbris de, 210-2; justiça e, 61, 193; minério e, 63, 66-7, 198, 203, 212-4; música e, 72; Obatalá e, 52-3, 60-1; papel funcionalista de, 39; princípio criativo-destrutivo e, 63; regresso à terra, 63-4; revolução e, 217n; ritos de adoração, 66-7, 211-4, 220n; valores helênicos e, 193, 211-2; vinho de palma e, 48, 64-5,

67, 213-4; vontade e, 65, 197-8, 202, 206-7, 209; Xangô e, 203-4
Ogunmola, Kola, 216n
Olodumaré (a Divindade Suprema), 48, 155, 192n; desafiado por Xangô, 40
Omolu (senhor da Terra), 51, 59
oráculo de Delfos, 47
Orfeu, 34
Orghast (Brook), 37
oriki (cantos de louvor), 36
Orisa-nla ver Orixalá
Orixalá, 39-40, 49, 66, 192n, 196-7, 204-5, 207, 212
orixás, 49-50
Ouologuem, Yambo, 129-30, 144-53, 157; *Devoir de violence, Le*: acusações de plágio, 144-5, amor em, 147, colonização árabe-islâmica e, 145-8, 151, homossexualidade em, 149-51, humor em, 146, mito ariano e, 148-9, visão social e, 104-5
Ousmane, Sembène, 129-30, 163-70; *pedaços de madeira de Deus, Os*, 106, 165-70, agentes coloniais, 169-70, Bakayoko, 165-8, citações, 166-70, Tiemoko, 167-9, tribunal, 168
Oxalá (deus da criatividade) ver Seljan, Zora: história de Oxalá, A
Oxóssi (*ososi*), 31

palco, 33, 77-8, 80-1
palmeira, folhas de, 61, 64, 66-7, 193, 213-4
Paton, Alan, 105
Pedaços de madeira de Deus, Os ver Ousmane, Sembène
penitência, 46-8, 50, 209-10
Penteu, rei, 44-5
Perséfone, 33
Persépolis, 37
pintura, 78-9, 102
Plutão, 33
poesia, 35, 80, 102-3, 107, 118; ciclo corpus de Ifá, 47, 209; música e, 199-200; Negritude e, 180-5, 187; *Oba Koso* (Ladipo), 94-5, 97-9; ritual e, 68-9, 214
Popper, Karl, 92
princípio criativo-destrutivo, 63, 210; vontade e, 202-3
produtor, 36, 38
psicanálise, 70
público: europeu, reação a *Song of a Goat* (Clark), 82-4; participação do, 75; teatro europeu medieval e, 77-8; teatro europeu moderno e, 78; teatro grego e, 77; teatro ritual e, 69-70, 78-80

raça, origem da, 39, 41, 43, 220nn; *Oba Koso* e (Ladipo), 97-9
Radin, Paul, 43
reconciliação ver literatura
redenção, Obatalá e, 205-6
Regard du roi, Le, ver Laye, Camara
Rei Lear (Shakespeare), 80, 88, 207; citações, 46
reino ctônico, 33-5, 62, 75, 194, 208
relâmpago, 39, 41, 86-7, 203n
retribuição: castigo e, 210; do relâmpago (Xangô), 39, 193; para repressores coloniais, 169-70; *ver também* vingança
Rhythms of Violence ver Nkosi, Lewis
Rive, Richard, *Make Like Slaves*, 114-5
Robbe-Grillet, Alain, 86
Roscoe, Adrian, *Mother is Gold*, 181

sacerdotes, 43-4, 48, 93; cristãos, 142-3
sangue, 52-3, 59, 61, 64, 158, 193
Santa Ana do Congo, 118
Sartre, Jean-Paul: Negritude e, 177-8 185-90; "Orphée noir", 177, 185-6, 189
secularização dos deuses, 129-41
Segun, Mabel, citação, 180-1

Seljan, Zora, 49-52; *história de Oxalá, A*, 39-40, comparação com *The Imprisonment of Obatala* (Ijimere), 50-60, "essência" em, 56, 58, influência da encenação da paixão cristã, 54, Oxalá: citações de, 40, 49, crime, 54, inocência, 57, molde ritualista de, 41
Senegal, 186
Senghor, Léopold, 174; citações, 179
Shiva, lorde, 34
Shrobeniologia, 145, 148
Song of a Goat ver Clark, J. P.
Soyinka, Wole, "O quarto palco", 60, 191-214
Steiner, George, 86-7
Stoddard, Lothrop, 142, 151-4, 170
Sudão, 156
surrealismo, 74, 86, 101-2
Swift, Jonathan, 68
Synge, John, 88

"Teatro Ambiental" (*Environmental Theatre*), 37
teatro de máscaras, 75, 216n
Teatro Líquido (*Liquid Theatre*), 37
Teatro Ori-Olokun, 38
teatro progressivo americano, 37-8
Teer, Barbara Ann, 17, 38
temas sexuais, 58, 83-5, 148-51, 157-9
tempo, conceitos de, 32, 41-2, 51-2, 71, 195-7, 201-2
Thirteenth Sun, The (Worku), 128-9
Thomson, George, *Aeschylus and Athens*, 67-70
Tierno Bokar, o Sábio de Bandiagara (Bâ), 119-21
Till, Emmett, 118
totalidade cósmica da existência humana, 32-5, 76-9
tradição da tribo, 93
tragédia grega, 77-8, 86, 194
Trótski, Leon, 28, 114
Tutuola, Amos, 216n
Two Thousand Seasons ver Armah, Ayi Kwei

U Tam'si, Tchikaya, 118
Ulisses, 34
Ulu, 131-41

valores morais: arte trágica e, 72; drama de Obatalá e, 204-8; sociedade e, 41, 90-2, 209
valores prometeicos, 69, 165, 198; Ogum e, 60, 65, 193, 211, 214
Verger, Pierre, *Dieux d'Afrique*, 50
vingança: contra os opressores coloniais, 157-8; dos deuses, 132; *ver também* retribuição
vinho de palma: Obatalá e, 48, 54, 213-4; Ogum e, 48, 64-5, 67, 213-4
violência: *Devoir de violence, Le* (Ouologuem), 144-53; *Rhythms of Violence* (Nkosi), 111-3, 117; *Song of a Goat* (Clark), 88-9; *Two Thousand Seasons* (Armah), 162-3
visão africana do mundo: drama e, 73-99; *menino negro, O* (Laye), 171; natureza acomodatícia da, 92-3, 217n; ordem moral e, 90-1; pré-colonial, 145-6, 152-3, 160-1, 163, 189-90; *Regard du roi, Le* (Laye), 172-6; "religião" e, 171-2; separatismo criativo e, 180; "Sopros" (Diop), 182-5
visão europeia do mundo, 73-4, 86-7; compartimentalização da, 37, 73, 77-8, 100-1, 189-90; erosão da Terra, 33-5; Negritude e, 103-4, 176-80, 185-90
vivos, os, 35, 41-2, 60, 160, 196, 201-2
vontade, 71; música e, 201-2; Ogum e, 65, 197-8, 202, 206-7, 209; princípio criativo-destrutivo e, 202-3

Wedekind, Frank, 88; *O despertar da primavera*, 113
William, Chancellor, 145, 154
Worku, Daniachew, *The Thirteenth Sun*, 128-9
Wound, The (Fall), 118

Xangô (deus do relâmpago e da eletricidade), 31, 39-45, 52, 65; ator trágico para o futuro, 203; conceitos temporais e, 41-3; eletricidade e, 203, 217n; *história de Oxalá, A* (Seljan), 39-40, 50-1, 54-5, 57; húbris de, 43, 55, 210; *Imprisonment of Obatala, The* (Ijimere), 54-8; justiça e, 40-1, 55, 57; *Oba Koso* (Ladipo), 95-9, cântico de louvor, citação, 96; Obatalá e, 53-8; Ogum e, 203-4; origem racial e, 39-41, 43; papel funcionalista de, 39; relâmpago e, 39, 41, 203n; retribuição e, 39, 193; sofrimento de, 207; suicídio de, 41, 44, 203n

Yeats, W. B., 105

Zagreus, 212-3
Zanzibar, 156
Zeus, 46, 212

SERVIÇO SOCIAL DO COMÉRCIO
Administração Regional no Estado de São Paulo

Presidente do Conselho Regional
Abram Szajman
Diretor Regional
Luiz Deoclecio Massaro Galina

Conselho Editorial
Carla Bertucci Barbieri
Jackson Andrade de Matos
Marta Raquel Colabone
Ricardo Gentil
Rosana Paulo da Cunha

Edições Sesc São Paulo
Gerente Iã Paulo Ribeiro
Gerente Adjunto Francis Manzoni
Editorial Clívia Ramiro
Assistente: Maria Elaine Andreoti
Produção Gráfica Fabio Pinotti
Assistente: Thais Franco

Edições Sesc São Paulo
Rua Serra da Bocaina, 570 – 11º andar
03174-000 – São Paulo SP Brasil
Tel.: 55 11 2607-9400
edicoes@sescsp.org.br
sescsp.org.br/edicoes
🅕 🅧 🅞 🅟 /edicoessescsp

Copyright © 1976 by Cambridge University Press

Grafia atualizada segundo o Acordo Ortográfico da Língua Portuguesa de 1990, que entrou em vigor no Brasil em 2009.

Título original
Myth, Literature and the African World

Capa
Estúdio Daó

Preparação
Tati Assis
Cristina Yamazaki

Revisão técnica
Eliana Lourenço de Lima Reis

Revisão
Ana Alvares
Huendel Viana

Índice remissivo
Gabriella Russano

Dados Internacionais de Catalogação na Publicação (CIP)
(Câmara Brasileira do Livro, SP, Brasil)

Soyinka, Wole
    Mito, literatura e o mundo africano / Wole Soyinka ; tradução Karen de Andrade. — 1ª ed. — Rio de Janeiro : Zahar ; São Paulo : Edições Sesc São Paulo, 2024. (Biblioteca Africana)

    Título original: Myth, Literature and the African World.
    ISBN 978-65-5979-196-5 (Zahar)
    ISBN 978-85-9493-313-3 (Edições Sesc São Paulo)

    1. África – Civilização 2. Literatura africana – História e crítica 3. Literatura e sociedade – África I. Título.

24-218798   CDD-863.09

Índice para catálogo sistemático:
1. Literatura africana : Crítica e interpretação 863.09

Cibele Maria Dias — Bibliotecária — CRB-8/9427

Todos os direitos desta edição reservados à
EDITORA SCHWARCZ S.A.
Praça Floriano, 19, sala 3001 — Cinelândia
20031-050 — Rio de Janeiro — RJ
Telefone: (21) 3993-7510
www.companhiadasletras.com.br
www.blogdacompanhia.com.br
facebook.com/editorazahar
instagram.com/editorazahar
x.com/editorazahar

BIBLIOTECA AFRICANA
Próximos lançamentos

Análise de alguns tipos de resistência
Amílcar Cabral

La Parole aux negresses*
Awa Thiam

Civilização ou barbárie
Cheikh Anta Diop

Identité et transcendance*
Marcien Towa

Female Fear Factory: Unravelling Patriarchy's Cultures of Violence*
Pumla Dineo Gqola

* Título em português a definir.

ESTA OBRA FOI COMPOSTA POR MARI TABOADA EM DANTE PRO E IMPRESSA
EM OFSETE PELA GRÁFICA PAYM SOBRE PAPEL PÓLEN NATURAL
DA SUZANO S.A. PARA A EDITORA SCHWARCZ EM SETEMBRO DE 2024

A marca FSC® é a garantia de que a madeira utilizada na fabricação do papel deste livro provém de florestas que foram gerenciadas de maneira ambientalmente correta, socialmente justa e economicamente viável, além de outras fontes de origem controlada.